DER BRIEF AN DIE EPHESER

KOMMENTIERT VON GEORGE R. KNIGHT

ADVENT-VERLAG

Titel der amerikanischen Originalausgabe:
Exploring Galatians and Ephesians – A Devotional Commentary
© Review and Herald Publishing Association, Hagerstown, Maryland (USA), 2005

Projektleitung und Lektorat: Werner E. Lange
Übersetzung: Ingrid Mayer
Korrektorat: Hans-Joachim Krause
Einbandgestaltung: Sislak Design, Bad Soden-Salmünster
Titelfoto: Merz-Fotografie, Konrad Merz, Steinau a. d. Straße
Satz: rimi-grafik, Celle
Gesamtherstellung: Grindeldruck GmbH, Hamburg

Die Bibelzitate sind – falls nichts anderes vermerkt – der *Elberfelder Bibel* (revidierte Fassung, R. Brockhaus Verlag, Wuppertal 1985ff.) entnommen (EB). Ansonsten bedeuten:

GNB = *Gute Nachricht Bibel* (revidierte Fassung der *Bibel im heutigen Deutsch*, Deutsche Bibelgesellschaft, Stuttgart 1997ff.)
Hfa = *Hoffnung für alle – Die Bibel* (revidierte Fassung, International Bible Society, Übersetzung: Brunnen-Verlag, Basel und Gießen, 2002ff.)
JB = *Die Bibel – Deutsche Ausgabe mit den Erläuterungen der Jerusalemer Bibel*, Herder-Verlag, Freiburg 1968ff.
LB = *Die Bibel nach der Übersetzung Martin Luthers* (revidierte Fassung 1984, Deutsche Bibelgesellschaft, Stuttgart 1985ff.)

Lüner Rennbahn 14, D-21339 Lüneburg
Internet: www.advent-verlag.de; E-Mail: info@advent-verlag.de

ISBN 3-8150-1888-9

Inhalt

Vorwort

Der Epheserbrief gehört zu den schönsten Perlen des Neuen Testamentes. In einzigartiger Weise behandelt Paulus darin das große Thema der Erlösung von Juden und Heiden durch Jesus Christus. Er zeigt den Christen die vielfältigen Konsequenzen für ihr Leben, das einer intensiven Beziehung zu ihm entspringt.

Dieser Brief hat die Christenheit seit fast 2.000 Jahren bereichert. Wenn wir den Heiligen Geist durch ihn zu unserem Herzen und Verstand sprechen lassen, verändert und bereichert er auch heute noch sowohl unser persönliches Leben als auch das der Gemeinden.

Dieses im Verhältnis zu anderen biblischen Büchern kleine Buch bedeutete nicht nur den Gliedern der frühchristlichen Gemeinden viel, sondern besitzt auch heute noch große Relevanz. Der Epheserbrief erklärt uns, wie wir durch Christus errettet werden, wie wir mit ihm im täglichen Leben „wandeln" und als Christen in den Gemeinden zusammenleben sollen. Daher besitzt er eine allgemeine Bedeutung und große Anziehungskraft.

In diesem Kommentar werde ich die Struktur, die Zusammenhänge und die Bedeutung der Aussagen im Epheserbrief erläutern. Zur Vereinfachung gibt er den vollständigen Text des Epheserbriefes in der wörtlichen und zuverlässigen Übersetzung der Elberfelder Bibel wieder, sodass der Leser nicht zwischen dem Kommentar und seiner Bibel hin- und herwechseln muss.

Ich habe ihn in Kapitel unterteilt, die einerseits lang genug sein sollten, um ein Thema umfassend zu behandeln, andererseits auch kurz genug, um sie für die persönliche Andacht zu nutzen oder in der Zusammenkunft eines Bibelkreises zu behandeln. Es dürfte nicht schwer fallen, zu den Bibelabschnitten entsprechende Diskussionsfragen zu finden.

Ich vertraue darauf und bete dafür, dass dieser Kommentar den Lesern hilft, das Erlösungswerk Christi und die Verpflichtungen des christlichen Lebens besser zu verstehen.

George R. Knight

Einleitung

Einführung in den Brief an die Epheser

Der Epheserbrief ist im Christentum hoch geschätzt. J. Armitage Robinson sieht in ihm „die Krone aller Schreiben des Paulus“,[1] während William Barclay ihn als den „königlichsten aller [neutestamentlichen] Briefe“ bezeichnet.[2]

Wir werden bei unserem Studium feststellen, dass dieser kurze Brief uns ebenso angeht wie die christlichen Gemeinden und ihre Glieder vor zweitausend Jahren. „Kein Teil des Neuen Testamentes ist zeitgemäßer als der Brief an die Epheser“, beteuert Ralph Martin daher.[3] Aber dennoch werden wir den Brief besser verstehen, wenn wir einige Informationen über seinen Hintergrund besitzen.

Der Verfasser und die Empfänger

Zweimal wird im Epheserbrief der Apostel Paulus als Verfasser erwähnt (in Kap. 1,1 und 3,1). In der Geschichte des Christentums wurde dieser Anspruch lange als wahr anerkannt, aber in den letzten 200 Jahren (wie viele andere Aussagen der Bibel) in Frage gestellt. Einige Theologen behaupten, diesen Brief habe ein Schüler des Paulus geschrieben, der dessen Namen verwendete, um Anerkennung zu finden.

---

1 J. Armitage Robinson: *St Paul's Epistle to the Ephesians*, S. VII. (Ausführliche bibliographische Angaben finden sich im Literaturverzeichnis am Ende des Buches.)

2 William Barclay: *Brief an die Galater / Brief an die Epheser*, S. 79.

3 Ralph P.Martin: *Ephesians, Colossians, and Philemon*, S. 1.

Frederik F. Bruce greift diesen Gedanken auf und argumentiert: „Wenn der Brief an die Epheser nicht direkt von Paulus geschrieben [oder diktiert] wurde, sondern von einem seiner Schüler, dann war der Verfasser der größte Paulinist aller Zeiten: ein Schüler, der sich die Gedanken seines Meisters gründlicher aneignete, als jeder andere es je tat. Der Mann, der den Epheserbrief schrieb, muss dem Apostel gleich gewesen sein, wenn er ihm nicht sogar an Geistesgröße und geistlicher Einsicht überlegen war … Der Verfasser hat – wenn es nicht Paulus selbst gewesen ist – dessen Denken zur logischen Schlussfolgerung geführt." Bruce fügt bedeutsamerweise hinzu: „Von einem solchen zweiten Paulus weiß die frühchristliche Geschichte nichts."[4] Im Gegenteil: Alle frühen christlichen Verfasser sahen in Paulus den Autor, wie er selbst im Brief angibt. Diese Auffassung wurde erst 1792 ernsthaft angefochten.[5] Am besten lässt man den Inhalt des Briefes selbst zeigen, wer ihn geschrieben hat, denn im Epheserbrief finden wir die krönende Zusammenfassung der Gedanken des Paulus.

Während aus dem Brief deutlich hervorgeht, wer ihn verfasst hat, ist nicht eindeutig, an wen er gerichtet war. Das Problem ist: In den ältesten und besten griechischen Manuskripten fehlt im ersten Vers die Angabe (*den Gläubigen,*) *die in Ephesus sind*. Dementsprechend müsste die deutsche Übersetzung eigentlich lauten: *An die Heiligen und Gläubigen in Christus Jesus* (Eph 1,1 JB) und nicht: *An die Heiligen in Ephesus, die Gläubigen in Christus Jesus* (LB).

Abgesehen vom Fehlen der Empfängerangabe ist dieser Brief unter denen des Paulus auch darin einzigartig, dass er keine persönlichen Grüße an seine Freunde und Mitarbeiter enthält. Das ist vor allem deshalb seltsam, weil Paulus in Ephesus länger als an irgendeinem anderen Ort wirkte: nach Angaben in der Apostelgeschichte über zwei Jahre lang (siehe Apg 19,1-11).

Außerdem enthält dieser Brief keine Hinweise auf irgendwelche Probleme in der Gemeinde und keine Ratschläge zu speziellen Berei-

---

4 Frederik F. Bruce: *The Epistle to the Ephesians*, S. 11f.
5 Siehe z. B. Harold W. Hoehner: *Ephesians*, S. 2-6.

chen des Glaubens und der Lebensführung – was zu erwarten wäre, wenn Paulus einen Brief an eine einzelne Gemeinde schrieb. Bei einem Vergleich mit seinen Briefen an die Galater oder Korinther fallen die Unterschiede deutlich auf. Die Themen, die im Epheserbrief zur Sprache kommen, sind allgemein gehalten und könnten Christen in jeder nichtjüdischen Gemeinde jener Zeit gelten.

Da der Inhalt des Briefes so allgemein gehalten ist, hat Paulus sein Meisterwerk also anscheinend als Rundbrief geschrieben, der in allen Gemeinden der Gegend in Kleinasien gelesen werden sollte, für den Ephesus die zentral gelegene und bekannteste Stadt war. Auf diese Weise fand wahrscheinlich die Bezeichnung *in Ephesus* im Laufe der Zeit ihren Weg in spätere Manuskripte des Briefes, damit der Anfangsvers denen anderer Briefe des Apostels entsprach (vgl. z. B. 1. Ko 1,2; Kol 1,2; 1 Th 1,1).

Dieser Brief gehört wohl zu den späteren Schreiben von Paulus. Einige Male berichtet er von einem Aufenthalt im Gefängnis (siehe Eph 3,1; 4,1; 6,20). Überblicken wir sein Leben, so kann man davon ausgehen, dass er diesen Brief während seiner ersten Gefangenschaft in Rom (siehe Apg 28,16-19.30) in der Zeit von ca. 60 bis 62 nach Christus schrieb, wenige Jahre vor seinem Tod in Rom, der vermutlich während der Christenverfolgung durch Kaiser Nero im Jahr 64 stattfand.

Die Beziehung zwischen den Briefen an die Epheser und an die Kolosser

Der Epheserbrief war nicht der einzige, den Paulus von Rom nach Kleinasien sandte. „Zwei weitere apostolische Schreiben waren mit demselben Boten auf dem Weg: ein Brief an die entlegene Missionsgemeinde in Kolossä, der sowohl dort als auch in der Gemeinde zu Laodizea gelesen werden sollte [siehe Kol 4,7.8.16; vgl. Eph 6,21.22], und ein kurzes Schreiben an einen Mann in Kolossä mit Namen Philemon. Paulus empfahl ihm darin dessen Sklaven Onesimus, der ihm entlaufen war und ihn vielleicht sogar bestohlen hatte, [aber] durch das Wunder einer echten Bekehrung ein neues Leben begonnen hatte und nun – koste es, was es wolle – zu seinen Pflichten zurückkehrte." (Siehe Phlm 1.9-12.18.)[6]

Die Briefe an die Epheser und Kolosser wurden nicht nur zusammen befördert, sondern es gibt auch mehr Ähnlichkeiten zwischen ihnen als zwischen irgendwelchen anderen Briefen im Neuen Testament: „Mit unterschiedlichen Ähnlichkeitsgraden sind 75 der 155 Verse im Epheserbrief auch im Kolosserbrief zu finden."[7] Das umfangreichste Beispiel ist die Erwähnung des Tychikus, der beide Briefe überbrachte – im Original eine wortgetreue Entsprechung zwischen 29 aufeinander folgenden Wörtern (vgl. Kol 4,7.8 mit Eph 6,21.22). Außer diesen Versen finden sich viele andere auffallende Parallelen (vgl. z. B. Eph 5,22 bis 6,9 mit Kol 3,18 bis 4,1).[8]

Die Ähnlichkeit zwischen den beiden Briefen ist nicht nur auffallend, sondern auch leicht verständlich. Wer mehrere Briefe an einem Tag schreibt, wird merken, dass er dieselben Aussagen für unterschiedliche Zwecke jeweils ein wenig anders formuliert. Historiker, die an Briefsammlungen in Archiven arbeiten, kennen das Phänomen. Ein vergleichendes Lesen der Briefe an die Epheser und an die Kolosser ist sowohl segensreich als auch erhellend, denn ein Verständnis der Ausdrucksweise des Paulus in einem Brief hilft uns leichter zu verstehen, was er in dem anderen sagen will.

Der Zweck des Epheserbriefes

Paulus hatte von etwa 52 bis 55 nach Christus intensiv in Ephesus und der römischen Provinz Asia gearbeitet. In den nachfolgenden Jahren war unter den Heiden in der ganzen Gegend das Evangelium verkündigt worden. Infolgedessen kannten ihn viele neubekehrte Gläubige nicht persönlich, auch wenn sie ihn als apostolischen Missionar anerkannten.

---

6 Handley C. G.Moule: *Ephesian Studies*, S. 23f.

7 Francis Foulkes: *The Letter of Paul to the Ephesians*, S. 25.

8 Siehe die ausgedehnten graphischen Vergleiche bei Hoehner, a. a. O. (d. h.: für die Angabe des Titels siehe die erste Erwähnung dieses Autors [Fußnote 5] oder das Literaturverzeichnis am Schluss), S. 34, und Andrew T. Lincoln: *Ephesians*, S. XLIX.

„Da es sich um Bekehrte aus einem hellenistisch religiösen Umfeld handelte – mit Mysterienkulten, Zauberei und Astrologie – brauchten diese Leute eine gute Einführung in das paulinische Evangelium vom Apostel selbst", erklärt Clinton Arnold. „Ihre Angst vor bösen Geistern und kosmischen Mächten war ebenfalls ein großes Anliegen, insbesondere die Frage, in welcher Beziehung Christus zu diesen Kräften steht."[9]

Außer dem nötigen theoretischen Basiswissen brauchten sie Erklärungen darüber, wie man als Christ ohne die Laster der griechischen Kultur wie Trunkenheit, sexuelle Unmoral und Dieberei lebt. Darüber hinaus mussten nichtjüdische Bekehrte und Judenchristen, die in der Minderheit waren, Anleitungen bekommen, die ihnen halfen, die Spannungen zwischen ihnen zu überwinden und zur Einheit im Leib Christi, der Gemeinde, zusammenzuwachsen.

So hatte Paulus ganz bestimmte Anliegen, die er gegenüber den Christen in Ephesus und Umgebung ansprechen wollte, auch wenn es nicht in der Spezifität geschah wie in den meisten seiner anderen Briefe.

Die hauptsächlichen Themen im Epheserbrief

Der Epheserbrief ist reich an Theologie und Lobpreis. Er geht auf mindestens sechs wichtige theologische Themen ein. Sie durchzieht das Verständnis, wie Gott in seiner Gnade nicht nur einzelnen Juden und Nichtjuden Erlösung anbietet, sondern sie auch in eine vereinte Gemeinde bringt, die eine Erweiterung der Himmelswelt ist. „Der Autor ist ganz gepackt von der Gnade Gottes", schreibt Ralph Martin, „ein Thema, das sich wie ein roter Faden durch die Abhandlung zieht".[10] Wir können daher die *Gnade* als eine Voraussetzung ansehen, die den anderen theologischen Themen des Briefes zugrunde liegt und ihnen den Zusammenhang gibt. Diese Themen sind:

---

9 Zitiert in Gerald F. Hawthorne und Ralph P. Martin (Hg.): *Dictionary of Paul and His Letters*, S. 246.

10 Martin, a. a. O., S. 6.

1. Die Größe Gottes und die Erhöhung Jesu Christi

Der erste Hauptabschnitt des Epheserbriefes (Kap. 1,3-14) ist ein unvergleichlicher Lobpreis Gottes, der seinen großen kosmischen Erlösungsplan in der Menschheitsgeschichte ausführt. Grundlegend für das Bild Gottes in diesem Brief ist, wie er sich von seinem Willen und seiner Liebe leiten lässt (siehe Kap. 1,4.5.9; 2,4), um sich für die Menschen einzusetzen.

Gott als *der Vater unseres Herrn Jesus Christus* ist im Epheserbrief zentral. Von den vierzig Hinweisen auf Gott als *Vater* in den Briefen des Apostels Paulus kommen neun im Epheserbrief vor (siehe Kap. 1,2.3.17; 2,18; 3,14.15; 4,6; 5,20; 6,23). In anderen Briefen erwähnt Paulus den Vater höchstens viermal.

Verbunden mit der Betonung auf Gott als dem Vater ist die Erhöhung Christi. Der Brief vernachlässigt den Tod Jesu keinesfalls (siehe z. B. Kap. 1,7; 2,13.16; 5,2.25), aber sein Schwerpunkt liegt auf der Auferstehung Christi und seiner Verherrlichung in der Himmelswelt, wo er sich mit dem Vater verbindet, um ihren großen Erlösungsplan auszuführen (siehe z. B. Kap. 1,20-23).

2. Die kosmische Auseinandersetzung

Mehr als jeder andere Brief im Neuen Testament öffnet uns der Epheserbrief die Augen für die kosmischen Mächte, die hinter den irdischen Mächten in der großen geistlichen Auseinandersetzung zwischen Gott und Satan am Wirken sind. Auf der einen Seite ist die *Himmelswelt* des Vaters, in die Christus nach seiner Auferstehung eintrat. In dieser Welt ist er hoch erhoben *über jede Gewalt und Macht und Kraft und Herrschaft und jeden Namen … nicht nur in diesem Zeitalter, sondern auch in dem zukünftigen* (Kap. 1,20.21).

Auf der anderen Seite stehen die *Weltbeherrscher dieser Finsternis*, die *geistigen Mächte der Bosheit in der Himmelswelt* (Kap. 6,12). „Der Teufel und verschiedene Kategorien von *Mächten* werden sechzehn Mal in diesem Brief erwähnt."[11]

Paulus bezieht sich im Brief an die Epheser nicht nur auf die Auseinandersetzung zwischen den gegnerischen übernatürlichen

[11] Clinton E. Arnold: *Ephesians, Power and Magic*, S. 1.

Mächten, sondern in Kapitel 6,10-20 gibt er den Christen auch umfangreiche Anweisungen zum geistlichen Kampf mit den Mächten der Finsternis. Sie mussten unbedingt erkennen, dass Christi Macht den verschiedenen Werkzeugen Satans, die sie fürchteten, überlegen war.

3. Die Erlösung als vollendete Tatsache

Dieser Brief vernachlässigt die endzeitliche Erlösung nicht völlig (siehe Kap. 1,10.14; 4,30), aber seine Betonung liegt auf der Rettung der Gläubigen als vollendete Tatsache. Diese Perspektive wird in Epheser 2,5.8 deutlich, wo Paulus die Vergangenheitsform benutzt: *Aus reiner Gnade hat [Gott] euch gerettet!* (GNB). Die Christen sind jedoch nicht nur erlöst, sondern auch *mit Jesus Christus vom Tod auferweckt und zusammen mit ihm in die himmlische Herrschaft eingesetzt* worden (V. 6 GNB).

Die zentrale Redewendung, die ausdrückt, dass die Gläubigen in einem geretteten Zustand sind, ist die Wendung *in Christus*, die 34-mal im Epheserbrief vorkommt. Nach Angaben von James Stewart verwendet Paulus den Ausdruck insgesamt 164-mal, 11-mal (wobei Pronomen und Synonyme mitgezählt sind) in dem großartigen Einleitungssatz des Epheserbriefes in Kap. 1,3-14. „Das Herzstück der Religion des Paulus ist die Gemeinschaft mit Christus. Mehr als jedes andere Konzept ... schließt es die Geheimnisse seiner Seele auf."[12]

Das große *Geheimnis* dieses Zeitalters (siehe Kap. 3,3.4.9; 5,32; 6,19) ist Gottes Errettung sowohl der Juden als auch der Nichtjuden und ihre Vereinigung zu *einem Leib* (Kap. 4,4) in der Gemeinde durch Christus. Dieses *Geheimnis* der Erlösung war kein nachträglicher Gedanke Gottes, sondern Teil seines Ratschlusses *vor Grundlegung der Welt* (Kap. 1,4.5). Seine Erfüllung hat mit denen angefangen, die ihn annehmen, aber vollendet wird er erst *bei der Erfüllung der Zeiten* (1,10). Somit sind „die Früchte des Sieges Jesu bereits im Besitz der Gläubigen, sind aber ‚noch nicht' völlig realisiert worden".[13]

---

[12] James S. Stewart: *A Man in Christ. The Vital Elements of St. Paul's Religion*, S. 147, 152f.
[13] Peter T. O'Brien: *The Letter to the Ephesians*, S. 33.

4. Die christliche Lebensführung

Das Konzept des „bereits", aber doch „noch nicht" der Erlösung im Epheserbrief führt im Leben der Gläubigen zu gewissen Spannungen. Sie können zwar mit Christus *in der Himmelswelt ... sitzen* (Kap. 2,6), aber sie führen ihr tägliches Leben immer noch auf Erden mit all seinen Problemen und Versuchungen. Deshalb bietet Paulus ethische Richtlinien in zweierlei Hinsicht an: Erstens fordert er die Gläubigen auf, die Untugenden aufzugeben, die ihr vorheriges Leben kennzeichneten, wie Habsucht, Unzucht, Unreinheit, Götzendienst usw. (siehe z. B. Kap. 5,3-13). Zweitens wünscht Paulus, dass sie *erneuert werdet in dem Geist [ihrer] Gesinnung* (Kap. 4,23) und *den neuen Menschen an[ziehen], der nach Gott geschaffen ist in wahrer Gerechtigkeit und Heiligkeit* (V. 24 LB). Sie sollen *Nachahmer Gottes* sein und *in Liebe wandeln* (Kap. 5,1.2). In diesem Sinne gibt der Apostel umfangreiche Anweisungen für das Leben in der Familie und im Arbeitsverhältnis (siehe Kap. 5,21 bis 6,9). So ist die erste Hälfte des Epheserbriefes wie der Galaterbrief theologisch und die zweite Hälfte ethisch ausgerichtet.

5. Die Einheit von Juden und Nichtjuden

Auch ein anderes Thema des Galaterbriefes finden wir im Epheserbrief wieder: Die Erlösung in Christus reißt alle rassischen und sozialen Schranken zwischen Juden und Nichtjuden nieder (siehe Kap. 2,14; vgl. Gal 3,28.29). In der Tat versöhnte Gott beide mit sich *in einem Leib durch das Kreuz, indem er die Feindschaft tötete durch sich selbst* (Eph 2,16 LB). Einheit des *einen Leibes* ist ein bedeutendes Thema des Briefes (siehe Kap. 4,3-6, 3,6)

6. Das Wesen der Gemeinde

Der Epheserbrief hat einen durchgehenden Schwerpunkt auf der Gemeinde. Das Wort *ekklesia* (wörtlich: die „Herausgerufenen"; „Kirche" ist davon abgeleitet) taucht neunmal im Brief auf (in 1,22; 3,10.21; 5,23.24.25.27.29.32), wobei Paulus sich in allen Fällen eher auf die universale Gemeinde bezieht als auf die lokale Gemeinde. In seinen anderen Briefen spricht er ganz bestimmte Gemeinden an wie in 1. Korinther 1,2, wo er schreibt: „An die Gemeinde Gottes in Korinth" (LB). Aber im Epheserbrief hat die Gemeinde etwas, was

Ralph Martin als „eine Art transzendentalen Status" bezeichnet."[14] Das bedeutet: Die Gemeinde auf Erden ist ein Teil der Gemeinde in der Himmelswelt und partizipiert an deren Leben (siehe Eph 1,22.23; 2,6). Im Epheserbrief kommt eine erhabene Sicht von der Gemeinde zum Ausdruck: Sie ist ein *Leib* Christi (3,6), der nicht nur die Erde umspannt, sondern auch Gottes Geschöpfe im gesamten Weltall einschließt. Für Paulus war eine örtliche Gemeinde „ein konkreter, sichtbarer Ausdruck der neuen Beziehung, die Gläubige mit dem Herrn Jesus haben", meint Peter O'Brien. „Örtliche Gemeinden, ob als größere Versammlung oder als Hausgemeinde, waren irdische Manifestationen jener himmlischen Versammlung um den auferstandenen Christus."[15]

Paulus spricht in unterschiedlichen Bildern von der Gemeinde. Anders als in vielen heutigen Erörterungen beschreibt er die Gemeinde jedoch nicht als eine Institution. Er sieht sie architektonisch als einen *heiligen Tempel* mit Christus als dem *Eckstein* (Eph 2,20.21), biologisch als einen *Leib* oder Organismus mit ihm als seinem *Haupt* (Kap. 1,22.23; 4,15.16; 5,23) und soziologisch als einen Familienverbund mit Christus als dem liebevollen und fürsorglichen *Mann* seiner *Braut* (Kap. 5,25-27.31.32). Jedes dieser Bilder gleicht einem Schnappschuss von der Gemeinde aus einer anderen Perspektive.

Der Aufbau des Epheserbriefes

Der Epheserbrief teilt sich in zwei Hauptteile auf, wie es bei einigen anderen paulinischen Briefen auch der Fall ist: In den ersten drei Kapiteln geht es um die Erlösung durch Christus und Theologie, während die letzten drei zeigen, wie sich die Annahme des Evangeliums auf das tägliche Verhalten der Gläubigen auswirken soll.

Die Übersicht auf der folgenden Seite zeigt den Aufbau des Briefes im Einzelnen.

---

[14] Martin, a. a. O., S. 7.
[15] O'Brien, a. a. O., S. 33.

I. Anrede und Gruß (Kap. 1,1.2)

II. Bekräftigung von christlichen Grundlehren (Kap. 1,3 bis 3,21)

A. Lobpreis Gottes und Christi für ihre vielen Segnungen (1,3-14)

B. Bitte für die Christen um tiefere Erkenntnis dessen, was Gott in Christus für sie getan hat (1,15-23)

C. Die Gnade Gottes als Grundlage der Erlösung (2,1-10)

D. Versöhnung zwischen Juden und Nichtjuden durch das Erlösungswerk Christi (2,11-22)

E. Das Amt des Apostels in der Verkündigung des Geheimnisses Christi (3,1-13)

F. Fürbitte des Paulus, die Christen mögen das Wirken des Heiligen Geistes erfahren und die Liebe Christi tiefer begreifen (3,14-19)

G. Erneuter Lobpreis Gottes (3,20.21)

III. Praktische Ermahnungen an die Christen (Kap. 4,1 bis 6,20)

A. Die Wichtigkeit der Einheit in der Gemeinde (4,1-16)
   1. Eine Appell zur Einigkeit (4,1-3)
   2. Die Grundlagen der Einheit (4,4-6)
   3. Die Rolle der Geistesgaben, um Einheit zu schaffen (4,7-16)

B. Die Wichtigkeit der christlichen Lebensführung (4,17 bis 5,20)
   1. Das Ablegen des alten Menschen und die innere Erneuerung (4,17-24)
   2. Einzelne Verhaltensweisen im christlichen Leben (4,25-32)
   3. In der Agape-Liebe wandeln (5,1.2)
   4. Böses meiden und im Licht wandeln (5,3-20)

C. Die Wichtigkeit christlicher Beziehungen (5,21 bis 6,9)
   1. Zwischen Frauen und Männern (5,21-33)
   2. Zwischen Kindern und Eltern (6,1-4)
   3. Zwischen Sklaven und Herren (6,5-9)

D. Die Wichtigkeit der geistlichen Waffenrüstung in der Auseinandersetzung mit den Mächten des Bösen (6,10-20)

IV. Ankündigung der Sendung des Tychikus und letzte Segenswünsche (Kap. 6,21-24)

Die Relevanz des Epheserbriefes in unserer Zeit

„Dieser Brief ist das zeitgemäßeste Buch in der Bibel", schreibt Klyne Snodgrass. „Abgesehen von einigen Ausdrücken und dem Umgang mit Sklaverei hätte der Epheserbrief an eine heutige Gemeinde geschrieben werden können. In diesem Brief geht es um *uns*. Er beschreibt Menschen, ihre missliche Lage, Sünde und Verblendung, aber viel mehr beschreibt er Gottes Bemühen, Menschen zu erreichen, um sie zu erneuern und in eine neue Gemeinschaft zu verwandeln."[16]

Im Zentrum der Relevanz des Epheserbriefes steht die Darstellung Jesu Christi als den Sieger, der mit Gott in der Himmelswelt regiert. Bei unserem Gang durchs Leben fühlen wir uns vielleicht kraftlos und sogar hoffnungslos, aber der Brief an die Epheser hämmert uns die Wahrheit ein: Wir haben nichts zu fürchten, wenn wir am Glauben festhalten und die ganze *Waffenrüstung Gottes* anlegen (Kap. 6,11). Die gute Nachricht ist: Jesus hat die Mächte der Finsternis besiegt und der Sieg gehört der Gemeinde und jedem einzelnen, der *in Christus* ist.

Ein zweiter bedeutsamer Aspekt des Epheserbriefes ist sein klares Bild von der Erlösung. Wir können in Sünde und Süchten verloren gewesen sein, *Gott aber, der reich ist an Barmherzigkeit, hat um seiner vielen Liebe willen, womit er uns geliebt hat, auch uns, die wir in Übertretungen tot waren, mit dem Christus lebendig gemacht – durch Gnade seid ihr errettet. Er hat uns mitauferweckt und mitsitzen lassen in der Himmelswelt in Christus Jesus.* (Eph 2,4-6) Welch eine großartige und tröstliche Wahrheit! Doch das ist erst der Anfang von dem, was Gott für jeden von uns tun will: *In den kommenden Zeiten* will er *den überschwenglichen Reichtum seiner Gnade durch seine Güte gegen uns in Christus Jesus erweisen* (V. 7). Hier findet jeder Christ Hoffnung und einen Anker für seine Seele.

[16] Klyne Snodgrass: *Ephesians*, S. 17.

Ein dritter Höhepunkt im Epheserbrief ist die Darstellung der Gemeinde als eine Gemeinschaft von Erlösten. John Stott schreibt: „Es ist einer unserer bedeutendsten evangelikalen blinden Flecken gewesen, die zentrale Bedeutung der Gemeinde zu übersehen. Wir neigen dazu, die Erlösung des Einzelnen zu verkündigen, ohne weiter von der Gemeinschaft der Erlösten zu sprechen. Wir betonen mehr, dass Christus für unsere Sünden starb, ‚damit er uns erlöste von aller Ungerechtigkeit', als dass er ‚sich selbst reinigte ein Volk zum Eigentum' (Tit 2,14 LB) … Unsere [evangelikale] Botschaft ist mehr eine gute Nachricht über ein neues Leben als über eine neue Gemeinschaft. Niemand kann bei sorgfältigem Lesen des Epheserbriefes den Gedanken an ein privatisiertes Evangelium vertreten, denn dieser Brief ist das Evangelium von der Gemeinde."[17] Die Lehre über die Gemeinde mag eines der am meisten vernachlässigten biblischen Konzepte unserer Zeit sein. Als moderne Christen brauchen wir die Lehre des Epheserbriefes darüber.

Ähnlich dringend brauchen wir die Unterweisung des Epheserbriefes über die Einheit der Gemeinde, die nicht nur die Beziehungen des Volkes Gottes sowohl im Himmel als auch auf Erden behandelt, sondern auch das Einreißen der *Zwischenwand der Feindschaft* betont (Eph 2,14), die Gemeindeglieder trennte. Die Gemeinde von heute muss die Botschaft des Apostels Paulus beherzigen und alle rassischen und andere Hindernisse beseitigen, die der Einheit in Christus im Wege stehen.

Weitere wichtige Anliegen in diesem „königlichsten aller [neutestamentlichen] Briefe"[18] sind Anweisungen für das Leben in der Familie, für die Beziehung zwischen Arbeitgeber und Angestellten sowie die eindrucksvollen Beispiele für Lobpreis und Anbetung. Wenn wir uns mit diesen Themen im Epheserbrief gründlich beschäftigen, wird das für jeden von uns segensreich sein.

---

[17] John R. W. Stott: *The Message of Ephesians. God's New Society*, S. 9.
[18] Barclay, a. a. O., S. 79.

Teil I

Anrede und Gruß
(Epheser 1,1.2)

1. Ein bedeutungsvoller Gruß

Epheser 1,1.2

1 Paulus, Apostel Christi Jesu durch Gottes Willen, den Heiligen und an Christus Jesus Gläubigen [,die in Ephesus sind][1]: 2 Gnade euch und Friede von Gott, unserem Vater, und dem Herrn Jesus Christus!

Paulus war ein bemerkenswerter Briefschreiber: Selbst sein Gruß enthält einen tiefen christlichen Inhalt. Er hielt sich zwar an die damaligen Gepflogenheiten der Einleitung eines Briefes, passte sie aber seinen Bedürfnissen an. Die Einleitung besteht aus drei Teilen:

der Identität des Absenders,
der Erwähnung der Empfänger
und einem Gruß.

Zunächst fällt auf: In allen drei Teilen wird ***Jesus Christus*** erwähnt. Für Paulus steht Christus und alles, was er für uns getan hat, stets im Mittelpunkt. Vom Anfang bis zum Ende geht es in diesem Brief um den Sohn Gottes.

Die Leser seines Briefes sollen sofort wissen, dass Paulus ein ***Apostel Christi Jesu*** ist. Das Wort *Apostel* ist eine Transliteration des griechischen Begriffs *apostolos*. Es bezeichnet jemanden, der als Bote oder Beauftragter gesandt ist. „Ein *Apostel* ist einer, der zu

---

[1] Die Angabe *die in Ephesus sind* findet sich in den ältesten Bibelmanuskripten nicht.

einer Mission ausgesandt ist“, schreibt Robert Johnston. „Das Wort *Missionar* kommt aus dem Lateinischen und bedeutet dasselbe (*mittere* bedeutet senden).“[2]

Das Wort selbst hatte einen festen Platz auch im Judentum. Die jüdischen Leiter in Jerusalem sandten Beauftragte zu den Juden aus, die in der ganzen Welt zerstreut lebten. „Ein solcher *apostolos* ging also nicht auf Grund seiner persönlichen Autorität hinaus, sondern hinter ihm stand der Hohe Rat mit seiner Autorität, die er lediglich stellvertretend wahrnahm“, erläutert William Barclay.[3] Paulus war vor seiner Bekehrung ein Apostel des Hohen Rats gewesen. Tatsächlich war er vom Hohen Rat auf eine apostolische Mission geschickt worden, als der Herr Jesus ihm auf der Straße nach Damaskus in den Weg trat und ihn zum Christentum bekehrte (siehe Apg 9,1-9). Nach dieser Begegnung, durch die er zeitweise erblindete, war er kein Apostel des Hohen Rats mehr, sondern ein *Apostel Jesu Christi*. Von der Zeit an bis zu seinem Tod blieb er ein Diener Jesu.

Paulus betonte, er sei ***durch Gottes Willen*** ein *Apostel* geworden. Das heißt: Gott hatte ihn dazu bestimmt, nicht er selbst. Dieser „Anspruch ist im Hinblick auf Galater 1,11-23 zu deuten: Die Gegner des Paulus versuchten, seine Autorität zu schwächen, indem sie darauf bestanden, dass er – auch wenn er sich als Apostel bezeichnete – nicht auf demselben Grund stand wie die unmittelbaren Jünger Jesu. Seine Berechtigung zur Verkündigung des Evangeliums komme von ihnen und immer, wenn er anderer Meinung war, müsse er im Unrecht sein. Darauf entgegnete er, dass sein Auftrag genauso von Gott stammt wie der ihre.“[4]

So machte Paulus von Anfang an klar, auf welcher Autorität seine Botschaft beruhte. Die Christen sollten auf sie hören, weil sie keine Privatmeinung darstellte, sondern von Christus selbst kam, weitergegeben durch den von ihm gesandten Apostel Paulus. Er kommt als ein bevollmächtigter Vertreter Christi. Charles Hodge bemerkt in

---

[2] Robert M. Johnston: *Peter and Jude. Living in Dangerous Times*, S. 39.
[3] William Barclay: *Brief an die Galater / Brief an die Epheser*, S. 81.
[4] E. F. Scott: *The Epistles of Paul to the Colossians, to Philemon and to the Ephesians*, S. 13.

einem Ausbruch von Begeisterung: „In keinem Teil der Heiligen Schriften sind das Licht und die Kraft der göttlichen Wahrheit, die für sich selbst sprechen, konzentrierter als hier" im Epheserbrief.[5]

Nachdem Paulus klargestellt hat, wer er ist, wendet er sich den Empfängern seines Briefes zu. Er beschreibt sie als:

1. *die Heiligen* und
2. die *an Christus Jesus Gläubigen.*

Ein ***Heiliger*** in der Bibel ist keine Art Mutter Teresa, niemand, der um seines Glaubens willen zum Märtyrer wurde, und auch kein Glaubensheld, bei dem man „der Heilige ..." vor dem Namen einfügt. Im Gegenteil, ein biblischer *Heiliger* ist ein normaler Christ. Die Grundbedeutung des Wortes *heiligen* ist „absondern". Der Gedanke ist, dass Gott gläubige Christen für sich beiseite gesetzt hat. Im Griechischen liegt auch die Bedeutung darin, heilig zu sein. Daher ist ein *Heiliger* jemand, den Gott zur Heiligkeit abgesondert hat.

Das Neue Testament sieht alle Personen, die an Jesus Christus als ihren Herrn und Erlöser glauben, als *Heilige* an. So konnte Paulus sogar von den Gliedern der recht unordentlichen Gemeinde in Korinth als von „berufenen Heiligen" sprechen (1 Ko 1,2 LB). Dasselbe galt für Ephesus oder andere Gemeinden. Und es gilt auch für dich und mich: Wir sind *Heilige* in biblischem Sinne, weil Gott uns aus der Welt zu sich berufen hat.

Paulus bezeichnet die Empfänger auch als die ***an Christus Jesus Gläubigen.*** Das hier benutzte Grundwort (pistos) kann entweder „Glauben haben" oder „treu sein" bedeuten. Natürlich hängt beides eng zusammen: Jemand, der echten Glauben hat, wird Christus treu sein, und wer ihm treu ist, wird ihm zweifellos auch vertrauen. Im Deutschen können wir diese gewollte Doppeldeutigkeit nicht mit einem Wort ausdrücken, wie das im Griechischen oder Englischen möglich ist.

Viele Übersetzungen folgen der späteren Texttradition, die angibt, dass die Empfänger des Briefes ***in Ephesus*** leben. Da diese Worte, wie bereits in der Einleitung erwähnt, nicht in den ältesten und bes-

---

[5] Charles Hodge: *Commentary on the Epistle to the Ephesians*, S. 15.

ten griechischen Manuskripten des Neuen Testamentes stehen, habe ich sie oben in Klammern gesetzt. Es besteht jedoch kein Zweifel, dass der Brief ursprünglich in die Region der römische Provinz Asien ging (in Apg 19,10.27.31 erwähnt), deren Hauptort Ephesus war.

Diese Stadt war das Kultzentrum der Göttin Diana bzw. Artemis (siehe V. 27.35). Einige Einwohner hatten Paulus bei seinem ersten Aufenthalt dort angegriffen, weil sein evangelistischer Erfolg eine Bedrohung für den Lebensunterhalt der Silberschmiede darstellte, die von der Anfertigung von Nachbildungen der Artemis lebten (siehe V. 23-40). Die weit verbreitete Verehrung solcher Gottheiten in Ephesus und der ganzen Provinz findet seinen Niederschlag im Epheserbrief, in dem wiederholt von *Mächtigen und Gewaltigen* die Rede ist, die gegen die Christen und das Christentum kämpfen (siehe z. B. Eph 6,12).

Doch vielleicht ist das Wichtigste an den Gläubigen, denen Paulus schrieb, darin zu sehen, dass sie zwei „Wohnstätten" hatten: Sie waren *in Christus Jesus* (Kap. 1,1 LB) und *in Ephesus* (oder an einem anderen Ort). Dasselbe gilt für dich und mich: Wie sind bereits Bürger des Himmels, aber zugleich leben wir auf Erden. John Stott schreibt: „Viele unserer geistlichen Schwierigkeiten entstehen durch unser Versäumnis, uns daran zu erinnern, dass wir Bürger zweier Reiche sind. Wir neigen entweder dazu, Jesus nachzufolgen und uns von der Welt zurückzuziehen, oder in der Welt aufzugehen und zu vergessen, dass wir auch *in Christus* sind."[6] Wir müssen unsere Bürgerrechte ausbalancieren und lernen, nach den Grundsätzen Christi in dieser Welt zu leben.

In Christus zu sein ist in den Briefen des Paulus eine beliebte Umschreibung für jemanden, der die Erlösung durch Christus erfahren hat. In seinem Brief hat der Apostel viel über diese Formulierung zu sagen.

Drei Begriffe haben im Gruß in Epheser 1,2 besondere Bedeutung. Der erste ist ***Gnade***, ein Wort, das im gesamten Brief thema-

---

[6] John R. W. Stott: *The Message of Ephesians. God's New Society*, S. 23.

tisiert wird. *Gnade* ist bei Paulus Gottes freiwilliges Heilsgeschenk durch Christus. *Denn aus Gnade seid ihr errettet durch Glauben, und das nicht aus euch, Gottes Gabe ist es.* (Eph 2,8) Dieser Vers ist nicht nur im Epheserbrief ein Höhepunkt, sondern auch in der ganzen Theologie des Paulus. Er beschreibt den Kern seines Evangeliums.

Ein zweites wichtiges Wort ist ***Friede***. Aufgrund der heilenden Kraft der Gnade Gottes haben wir *Frieden* mit Gott. Und nach paulinischem Denken haben wir nicht nur Frieden mit Gott, sondern auch miteinander und in unserem Leben.

Der Begriff *Friede* kommt im Neuen Testament aus dem hebräischen Konzept von *shalom*. Das bedeutet mehr, als ohne Konflikte und Störungen zu sein; der Sinn ist vielmehr, dass „etwas Wunderbares da ist: der Segen Gottes in seiner ganzen Fülle."[7] Es stellt „einen Zustand des Wohlbefindens" dar[8] und ist die Folge davon, dass man mit Gott im Reinen ist. Diesen Frieden erlangt man nur auf einem Weg: indem wir die vergebende Gnade Gottes durch einen persönlichen Glaubensakt annehmen (siehe Rö 5,1.9.10).

Der letzte Begriff im Gruß des Paulus, den wir betrachten wollen, ist ***Gott*** als ***unserem Vater***. Auch hierin steckt ein verbreitetes Thema des Paulus, das im Epheserbrief ausführlich behandelt wird. Alle (echten) Christen sind *Kinder* Gottes. Auf diese Weise gehören sie zu der einen universellen Familie Gottes (siehe Kap. 2,19; 3,15) und sind untereinander Brüder und Schwestern. Wer zu dieser Familie gehört, dem wurde *Gnade* und *Frieden* durch das Evangelium zuteil.

In diesen ersten beiden aussagekräftigen Versen hat Paulus mehrere Themen angesprochen, auf die er in seinem Brief näher eingeht. Er wird später darüber mehr zu sagen haben und uns weitere Einsichten vermitteln.

---

[7] Leon Morris: *Expository Reflections on the Letter to the Ephesians*, S. 13.
[8] Frederick William Danker (Hg.): *A Greek-English Lexicon of the New Testament and Other Early Christian Literature*, S. 287.

Teil II

Bekräftigung christlicher Grundlehren
(Epheser 1,3 bis 3,21)

2. Gottes Absichten mit uns (Teil 1)

Epheser 1,3-10

3 Gepriesen sei der Gott und Vater unseres Herrn Jesus Christus! Er hat uns gesegnet mit jeder geistlichen Segnung in der Himmelswelt in Christus, 4 wie er uns in ihm auserwählt hat vor Grundlegung der Welt, dass wir heilig und tadellos vor ihm seien in Liebe, 5 und uns vorherbestimmt hat zur Sohnschaft durch Jesus Christus für sich selbst nach dem Wohlgefallen seines Willens, 6 zum Preise der Herrlichkeit seiner Gnade, mit der er uns begnadigt hat in dem Geliebten. 7 In ihm haben wir die Erlösung durch sein Blut, die Vergebung der Vergehungen, nach dem Reichtum seiner Gnade, 8 die er uns reichlich gegeben hat in aller Weisheit und Einsicht. 9 Er hat uns ja das Geheimnis seines Willens zu erkennen gegeben nach seinem Wohlgefallen, das er sich vorgenommen hat in ihm 10 für die Verwaltung (bei) der Erfüllung der Zeiten: alles zusammenzufassen in dem Christus, das, was in den Himmeln, und das, was auf der Erde ist – in ihm.

Epheser 1,3-14 ist im Griechischen ein einziger Satz! Markus Barth beschreibt ihn als „einen unendlich langen, schweren und umständlichen Satz, angefüllt mit Bedingungssätzen, Exkursen, näheren Beschreibungen, Wiederholungen und dergleichen“.[1] Und E. Norden

[1] Markus Barth, *Ephesians. Introduction, Translation, and Commentary on Chapters 1-3*, S. 77.

nennt ihn „das ungeheuerlichste Satzkonglomerat ... das mir je in der griechischen Sprache begegnet ist“.[2] In positiver Weise wird dieser Satz als eine „goldene Kette“ mit vielen Gliedern[3] und als ein „Kaleidoskop blendender Lichter und wechselnder Farben“ bezeichnet.[4]

Alles in allem sind die Verse 3 bis 14 einer der komplexesten und aussagekräftigsten Sätze der ganzen Bibel. Es ist, als ob Paulus in seinem Lobpreis und seiner Erregung von einem Gedanken zum nächsten eilt, ohne sich Zeit zum Atmen zu nehmen. Der Leser steht dabei vor dem Problem, die Majestät und die Kompliziertheit des Inhalts zu erfassen. Als Hilfestellung dazu teilen alle mir bekannten Übersetzungen diesen Bandwurmsatz in mehrere kürzere Sätze auf. Außerdem fassen Kommentatoren seine Gedanken in Kategorien zusammen. Dennoch entzieht sich die volle Bedeutung des Abschnitts immer noch unserem Verständnis. Er überragt uns einfach und wir könnten ihn jeden Tag lesen und würden dabei neue Einsichten gewinnen.

Vers 3 beginnt mit einem großen Ausbruch von Lobesworten des Apostels an alle drei Glieder des dreieinigen Gottes. Zuerst preist er den Vater: ***Er hat uns gesegnet mit jeder geistlichen Segnung in der Himmelswelt. Gott, der Vater*** ist die Quelle jedes Segens, den wir als Christen empfangen. „Seine Initiative wird eindeutig dargelegt, denn er selbst ist das Subjekt fast aller Hauptverben in diesen Versen“, bemerkt John Stott.[5] Somit hat der *Vater* uns

- ***gesegnet*** (V. 3)
- ***auserwählt*** (V. 4)
- ***vorherbestimmt*** (V. 5)
- ***begnadigt*** (V. 6) und ***uns reichlich Gnade gegeben*** (V. 8)
- ***das Geheimnis seines Willens zu erkennen gegeben*** (V. 9)
- und wird seinen Heilsplan ***bei der Erfüllung der Zeiten*** vollenden (V. 10).

---

2 Ebd. zitiert.
3 R. W. Dale: *The Epistle to the Ephesians. Its Doctrine and Ethics*, S. 40.
4 J. Armitage Robinson: *St Paul's Epistle to the Ephesians. A Revised Text and Translation with Exposition and Notes*, S. 19.
5 John R. W. Stott.: *The Message of Ephesians. God's New Society*, S. 33.

Sollten wir die Rolle des Vaters in Epheser 1,3-10 in einem Satz zusammenfassen, könnte der lauten: Er hat einen Plan und die Absicht, die in seinem Willen begründet ist, Sünder zu retten.

Danach preist Paulus den Sohn Gottes, ***unseren Herrn Jesus Christus.*** Er erwähnt ihn in den Versen 3 bis 14 etwa fünfzehn Mal. Außerdem kommen die Ausdrücke *in Christus, in dem* oder *in ihm* elfmal vor. Der Apostel präsentiert Christus als „die Sphäre, in der der göttliche Segen gegeben und empfangen wird".[6] ***In ihm*** und ***durch sein Blut haben wir die Erlösung*** (V. 7). Und durch Christus wird Gott seinen Plan vollenden und alles, ***was in den Himmeln und … auf der Erde ist,*** miteinander vereinen (V. 10).

Der ***Heilige Geist*** taucht ebenfalls in diesem langen Satz auf, nicht nur am Schluss, wo er namentlich erwähnt wird, sondern bereits in Vers 3, denn er ist ja der Vermittler ***jeder geistlichen Segnung***.

Ein Weg, um die Bedeutung der Verse 4 bis 10 besser zu erfassen, besteht darin, Gottes Segnungen als Segen in der Vergangenheit, der Gegenwart und der Zukunft einzuteilen. Zuerst bringen uns die Verse 4 und 5 in eine Zeit ***vor Grundlegung der Welt,*** als Gott uns zur Heiligkeit ***auserwählt und*** sogar ***vorherbestimmt hat,*** um ***seine Söhne und Töchter zu werden*** (GNB).

Manchen gefällt die Lehre von der Vorherbestimmung nicht; es handelt sich aber um eine biblische Lehre sowohl im Alten als auch im Neuen Testament. Im AT lesen wir von Gottes Aufforderung an Israel, sein eigenes Volk zu sein (siehe 2 Mo 19,5.6; 5 Mo 7,6), und im NT beruft er eine weltweite Gemeinde „zu seiner ewigen Herrlichkeit" (1 Pt 2,9; 5,10). Der Erlösungsplan war kein nachträglicher Gedanke: Gott sah bereits *vor Grundlegung der Welt,* worauf es ankam, und hatte einen Plan bereit.

Die Lehre von der Vorherbestimmung ist zwar eine biblische Lehre, aber sie wird vielfach missverstanden. Einige haben unglücklicherweise gelehrt, Jesus würde im Voraus manche für den Himmel und andere für die Hölle vorherbestimmen, sodass der Einzelne kei-

---

[6] Peter T. O'Brien: *The Letter to the Ephesians,* S. 91.

nen Einfluss auf sein ewiges Schicksal hätte. In Wirklichkeit möchte Gott jeden Einzelnen für die Ewigkeit retten (siehe 1 Tim 2,4). Er hat alle Menschen zur Erlösung vorherbestimmt. Christus ist *„einmal* geopfert worden, die Sünden vieler wegzunehmen" (Hbr 9,28 LB), aber um die Gnade zu empfangen, die sein Opfer ermöglichte, gilt eine Bedingung: Glauben. Das heißt, ein Mensch muss Gottes Gabe annehmen, um in die Familie Gottes aufgenommen zu werden. Dementsprechend sagt Paulus in Epheser 2,8: *Denn aus Gnade seid ihr errettet durch Glauben*. Und dieser Glaube gründet sich auf das Opfer Jesu am Kreuz (siehe z. B. Rö 3,21-25), auf ***die Erlösung durch sein Blut*** (Eph 1,7).

Ein zweites Missverständnis der biblischen Lehre von der Vorherbestimmung besteht darin, dass Gott sein Volk zu einem Vorrecht beruft. Natürlich ist es ein Vorrecht, Christ zu sein. Wenn aber Gemeindeglieder nur herumsitzen und sich ihrer Stellung vor Gott rühmen, haben sie noch nicht begriffen, worum es beim Ruf Gottes geht: um den Dienst für Gott. Die Segnungen der Erlösung gelten denen, die sich für ein Leben der Verantwortung vor ihrem Herrn und ihren Mitmenschen entschieden haben. Und wie Jesus sich selbst als Diener für andere hingab, werden alle seine Nachfolger dasselbe tun (siehe Mt 20,26-28), wenn sie ihn wirklich in ihr Herz aufgenommen haben.

Anders ausgedrückt: Gott hat uns nicht nur dazu bestimmt, von der Sünde errettet zu werden, sondern auch dazu, seine Mitarbeiter auf Erden zu sein. Die biblische Lehre von der Vorherbestimmung ist eine schöne, sinnvolle Lehre. Wir sollten sie nicht ablehnen, sondern uns – wie Paulus – über sie freuen. Sie erfüllte den großen Apostel mit nichts anderem als mit Lobpreis.

In Epheser 1,3-10 geht es nicht nur um vergangene Segnungen Gottes, sondern auch um gegenwärtige. Dieses Thema herrscht in den Versen 5 bis 8 vor. Paulus benutzt drei gewichtige Ausdrücke, die den gegenwärtigen Zustand der Christen hervorheben:

1. *Sohnschaft* (V. 5)
2. *Erlösung* (V. 7)
3. *Vergebung* (V. 7)

Erstens hat Gott sie in seine Familie aufgenommen: ***Sohnschaft*** ist wörtlich „Annahme an Sohnes Statt". Während sie einst von ihm entfremdet waren, sind Christen nun als Angehörige seiner himmlischen Familie mit ihm vereint.

Die Gemeinde spricht nicht genug über diese Annahme (besser: Adoption), aber Paulus kannte ihre große Bedeutung. Das gilt auch für den Apostel Johannes, der gleich am Beginn seines Evangeliums deutlich macht, dass wir in dem Augenblick Kinder Gottes werden, wenn wir an Christus als Erlöser glauben und ihn als Herrn in uns aufnehmen (siehe Jo 1,12.13). Viele lehren, dass wir als Kinder Gottes geboren werden. Das ist aber nicht biblisch. Kinder Gottes werden wir erst dann, wenn wir eine Glaubensentscheidung für Jesus treffen und durch den Heiligen Geist neu geboren werden (siehe Jo 3,3.5-7; Rö 8,14-16). Wir sind dann sowohl adoptiert als auch neu geboren, was die inneren Auseinandersetzungen erklärt, die wir auch als Nachfolger Jesu haben (siehe Gal 5,16-18).

Das zweite, was wir schon jetzt haben, ist die ***Erlösung***. Damals wandte man den Begriff oft auf den Freikauf von Sklaven oder Geiseln an. Bei Paulus hat *Erlösung* mit der Befreiung von der Gebundenheit an die Sünde und von der Strafe für das Übertreten des Gesetzes zu tun (siehe Rö 6,16.18.20.23; Gal 3,13). Und – wie es bei allen anderen bildlichen Vergleichen für die Errettung auch gilt – ist die Erlösung an ***sein Blut,*** an seine Kreuzigung geknüpft.[7] Paulus kennt keine Erlösungstheorie, die nicht mit dem stellvertretenden Opfer Jesu als dem „Lamm Gottes" verknüpft wäre (Jo 1,29).

Der dritte Segen für jeden Christen ist die ***Vergebung der Sünden*** (Eph 1,7 LB). Alle diese gegenwärtigen Segnungen – Annahme, Erlösung, Vergebung und andere – ergeben sich aus der ***Gnade, die Gott uns reichlich gegeben hat***. Gott geizt nicht mit seiner Gnade. Paulus formuliert es so, als könnte Gott uns gar nicht genug von seiner Gnade geben. Deshalb sind echte Christen erlöste Menschen.

Aber die gegenwärtige Erlösung ist noch nicht alles, denn Gott hat auch einen zukünftigen Segen für die Seinen: ***Wenn die Zeit da-***

---

[7] Siehe George R. Knight: *My Gripe With God*, S. 77.

für gekommen ist (V. 10 Hfa), wird er als ein treuer Haushalter (dieser Begriff ist in dem Wort *Verwaltung* impliziert) seinen großen Plan zur Vollendung bringen. Wenn bei Jesu Wiederkunft die Zeit in die Ewigkeit übergehen wird, wird der Herr sein ganzes Volk in einer großen Familie vereinen. Diese Vereinigung hat bereits begonnen, seit Christus am Werk ist, um seine Gemeinde zu bauen. Es wird eine Zeit kommen, da alle Disharmonie im Universum aufhören wird. Dann wird Gott ***alles ... was in den Himmeln und ... auf der Erde ist, in Christus zusammenfassen***.

Obwohl gläubige Christen bereits erlöst sind, warten sie noch auf die Fülle ihrer Erlösung. Paulus versteht unsere Erlösung als etwas Gegenwärtiges und Zukünftiges, als eine Erfahrung des „Schon jetzt" und des „Noch-nicht". Kurz gesagt: Die Segnungen, die wir bereits hier und jetzt haben, werden sich vervielfältigen, wenn die Zeit am Ende erfüllt ist und Gott ***seinen Plan*** (V. 9 Hfa), den er *vor Grundlegung der Welt* gelegt hat (V. 4), zu seinem Höhepunkt bringt. Die Probleme, vor denen wir als Christen hier auf Erden stehen, werden – Gott sei Dank! – nicht für immer bestehen bleiben.

3. Gottes Absichten mit uns (Teil 2)

Epheser 1,9-14

9 Er hat uns ja das Geheimnis seines Willens zu erkennen gegeben nach seinem Wohlgefallen, das er sich vorgenommen hat in ihm 10 für die Verwaltung (bei) der Erfüllung der Zeiten: alles zusammenzufassen in dem Christus, das, was in den Himmeln, und das, was auf der Erde ist – in ihm. 11 Und in ihm haben wir auch ein Erbteil erlangt, die wir vorherbestimmt waren nach dem Vorsatz dessen, der alles nach dem Rat seines Willens wirkt, 12 damit wir zum Preise seiner Herrlichkeit seien, die wir vorher (schon) auf den Christus gehofft haben. 13 In ihm (seid) auch ihr, nachdem ihr das Wort der Wahrheit, das Evangelium eures Heils, gehört habt und gläubig geworden seid, versiegelt worden mit dem Heiligen Geist der Verheißung. 14 Der ist das Unterpfand unseres

Erbes auf die Erlösung (seines) Eigentums zum Preise seiner Herrlichkeit.

In Vers 9 spricht Paulus vom ***Geheimnis des Willens Gottes***. Ein *Geheimnis* ist in den Schriften des Paulus etwas, „was bislang geheim gehalten, nun aber offenbart worden ist; etwas, was all denen, die mit seiner Bedeutung noch nicht vertraut gemacht [d. h. initiiert] wurden, immer noch unbegreiflich ist."[8] Beim *Geheimnis* im Epheserbrief geht es spezieller darum, dass den Heiden das Evangelium genauso gilt wie den Juden. Gott arbeitet daran, sein Volk in seiner Gemeinde auf Erden zu vereinen, aber das *Geheimnis* wird erst ***bei der Erfüllung der Zeiten*** vollendet sein, wenn ***alles ... in dem Christus zusammengefasst*** wird. Gottes letztendliches Ziel ist die universelle Einheit all derer, die den Sohn Gottes als ihren Herrn anerkennen. Sie steht noch aus, wie wir am Ende des vorigen Kapitels sahen.

Aber Gott hat bereits große Fortschritte auf dem Weg dahin erzielt, indem er Nichtjuden auf der gleichen Basis wie Juden erlöst. Dieser Schritt zur Vollendung des *Geheimnisses* spiegelt sich in den Fürwörtern im obigen Abschnitt wider, die von *wir* zu *ihr* und dann zu *unser* wechseln.

Das ***wir*** (in V. 11.12) bezieht sich auf das jüdische Volk, einschließlich Paulus: ***Die wir vorherbestimmt waren ... nach dem Rat seines Willens ... die wir vorher schon auf den Christus gehofft haben***. Diese Aussage bezeugt die Wahrheit des Alten Testamentes, dass die Israeliten von Gott erwählt waren. Sie wird im Neuen Testament darin sichtbar, dass das Evangelium zuerst den Juden verkündet wurde und erst danach den Heiden (siehe Apg 1,8; 13,35-48; Rö 1,16).

Zunächst waren die Israeliten Gottes Volk unter Ausschluss aller anderen Völker. Ein Nichtjude konnte nur in Gottes Volk aufgenommen werden, wenn er sich zum Judentum bekehrte. Doch das hat sich geändert, teilt Paulus den Empfängern seines Briefes mit. Das

---

[8] William Barclay: *Brief an die Galater / Brief an die Epheser*, S. 90.

ist die Stelle, an der das ***ihr*** von Vers 13 zum Tragen kommt: ***Nachdem ihr das Wort der Wahrheit … gehört habt und gläubig geworden seid, [seid ihr] versiegelt worden mit dem Heiligen Geist der Verheißung***. Das ist für einen Juden das größte Wunder, das größte *Geheimnis*: Alle Nichtjuden, die Christus angenommen haben, gehören auch zu Gottes Volk.

Und damit erklärt sich die Verwendung des Wortes ***unser*** in Vers 14: Was Abraham und dem jüdischen Volk verheißen war, ist ***unser Erbe***. Es gehört beiden, Juden und Nichtjuden. Um diesen Gedanken hervorzuheben, nimmt Paulus das Wort ***Eigentum*** hinzu. Frederik F. Bruce bemerkt dazu, dass im Alten Testament dieser Begriff „für Gottes Volk, für Israel, angewendet wird – ganz besonders in 2. Mose 19,5, wo Jahwe Israel ‚mein Eigentum … vor allen Völkern' (LB) nennt … Dass dieser Ausdruck nun auf heidnische Gläubige angewandt wird, ist ein Zeichen für die Zuverlässigkeit ihres neuen Standes in der Gemeinschaft des Volkes Gottes; sie haben vollen Anteil am gegenwärtigen Segen und an der zukünftigen Hoffnung mit ihren Glaubensgenossen vom jüdischen Geschlecht."[9]

Die Verwendung von *wir, ihr* und *unser* in diesem Abschnitt „nimmt das Motiv der Versöhnung von Juden und Nichtjuden in Epheser 2,14-18 vorweg, eine Versöhnung mit Gott und untereinander, die durch Jesu Tod am Kreuz zuwege gebracht wurde".[10]

Betrachtet man die neue Stellung der Nichtjuden genauer, erkennt man, dass ihr Einschluss in Gottes Volk auf seiner Initiative beruht: Er bestimmte das vorher, sandte den Erlöser Jesus Christus und schickte Boten wie Paulus, damit sie das Evangelium hören und zum Glauben kommen konnten. Durch die ganze Bibel finden nicht Menschen zu Gott, sondern Gott geht den Menschen nach. So war es bei Adam und Eva im Paradies, nachdem sie gesündigt hatten (siehe 1 Mo 3,8-10), bei dem verlorenen Schaf, von dem Jesus erzählt (siehe Lk 15,4), im Wirken Jesu selbst (siehe Lk 19,1-10), bei der

---

[9] Frederik F. Bruce: *The Epistles to the Colossians, to Philemon, and to the Ephesians*, S. 267.
[10] O'Brien, a. a. O. (d. h.: für die Angabe des Titels usw. siehe die erste Erwähnung dieses Autors in diesem Teil [Fußnote 6] oder das Literaturverzeichnis am Schluss), S. 115.

Erwählung Jakobs / Israels (siehe 1 Mo 35,9-12; Rö 9,10-13) und bei dem Einschluss der Nichtjuden in sein Volk, den Paulus hier im Epheserbrief beschreibt. Erlösung beruht immer auf unverdienter Gnade und ist immer Gottes Initiative.

Das bedeutet jedoch nicht, dass wir Menschen bei der Erlösung inaktiv wären. In Epheser 1,13 erfahren wir einiges über unseren Anteil daran. Zunächst einmal muss ***das Wort der Wahrheit, das Evangelium des Heils, gehört*** werden. Es gibt aber verschiedene Weisen, auf die Botschaft Gottes zu hören und zu reagieren: Manche hören nur die Worte, aber in ihrem Herzen und Leben geschieht nichts. Sie erlangen kein Verständnis. Andere hören und verstehen, tun aber dann nichts. Und dann gibt es solche, die hören, verstehen und mit Glauben reagieren.

Das bringt uns zum zweiten Aspekt der Rolle des Menschen in seiner Erlösung: Gott hat uns dabei die Freiheit der Entscheidung geschenkt und wirkt die Fähigkeit zu glauben. Daher liegt es an uns, unseren Willen zu nutzen und uns zu entscheiden, ob wir seine Gnade annehmen und ihm vertrauen wollen.

Hören und Glauben sind wichtige Gesichtspunkte im Erlösungsplan; daher hat auch die Verkündigung und das Bezeugen des Glaubens große Bedeutung. Paulus schrieb im Römerbrief: „Es heißt ja auch: ‚Alle, die sich zum Herrn bekennen und seinen Namen anrufen, werden gerettet.' (Joel 3,5) Sie können sich aber nur zu ihm bekennen, wenn sie vorher zum Glauben gekommen sind. Und sie können nur zum Glauben kommen, wenn sie die Botschaft gehört haben. Die Botschaft aber können sie nur hören, wenn sie ihnen verkündet worden ist. Und sie kann ihnen nur verkündet werden, wenn Boten mit der Botschaft ausgesandt worden sind … Der Glaube kommt also aus dem Hören der Botschaft; die Botschaft aber gründet in dem Auftrag, den Christus gegeben hat." (Rö 10,13-15.17 GNB, vgl. Mk 16,15.16). Alle Nachfolger Jesu sollen auch seine Zeugen sein, wo immer sie sind und hinkommen (siehe Apg 1,8). Gottes Plan, seine Kinder im ganzen Universum zu vereinen (siehe Eph 1,10), ist noch nicht vollendet. Und welch ein Wunder: Nach seinem Willen soll jeder von uns daran beteiligt sein – nicht nur durch

Hören und Glauben, sondern durch Bezeugen und eventuell Verkündigen, damit andere auch hören und glauben können.

Bevor wir vorangehen, noch ein Wort zur Auslegung von Epheser 1,10, Gott werde am Ende ***alles zusammenfassen … was in den Himmeln und … auf der Erde ist.*** Einige haben daraus den Schluss gezogen, er werde am Ende jeden Menschen retten (Universalismus). Aber das ist nicht die Botschaft des Paulus, denn er sagt anschießend deutlich: Nur die, die ***das Evangelium gehört haben und gläubig geworden sind,*** sind auch ***versiegelt worden mit dem Heiligen Geist der Verheißung.*** Und dieses Siegel ist ***das Unterpfand unseres Erbes***, das wir erhalten bei der zukünftigen ***Erlösung seines Eigentums*** (V. 13.14) – Gottes spezielles Volk, das Christus als seinen Herrn akzeptiert hat.

In diesen Versen lernen wir dreierlei über den ***Heiligen Geist***. Erstens ist er der ***Geist der Verheißung***. Peter O'Brien meint, dass Paulus den Ausdruck vermutlich verwendet hat, um darauf hinzuweisen, dass im Alten Testament der Heilige Geist verheißen (siehe z. B. Joel 3,1; Hes 36,27) und „durch den erhöhten Jesus zu Pfingsten ausgegossen" wurde.[11] Jesus verhieß auch selbst, dass der Heilige Geist sein Volk leiten wird (siehe Jo 14,16-18.26; 15,26; 16,13.14; Apg 1,4.5). Paulus sagt den Empfängern seines Briefes, dass sie selbst den Geist empfangen haben. Und die gute Nachricht ist: Wir heutigen Christen haben immer noch das Wirken und die Gaben des Geistes unter uns. So wird es bis zur *Erfüllung der Zeiten* bleiben.

Zweitens ist der Heilige Geist Gottes **Siegel**. Der Heilige Geist hat alle echten Christen ***versiegelt***. Ein Siegel zeigt den Eigentümer an. Die Römer brandmarkten Rinder und Sklaven mit einem Siegel, um sie als ihr Eigentum zu kennzeichnen. Nach der Schilderung Hesekiels versah Gott sein Volk mit einem Zeichen oder Siegel, um es als sein persönliches Eigentum kenntlich zu machen und vor der Vernichtung zu bewahren (siehe Hes 9,3-8). Und wenn Gott nichtjüdische Christen versiegelt, weist er sie als sein Eigentum aus. An

---

[11] Ebd. S. 119f.

späterer Stelle des Epheserbriefes sagt Paulus den Christen, sie seien *versiegelt worden … auf den Tag der Erlösung hin* (Eph 4,30). Das heißt: Gott wird bei seinem Volk in allen Prüfungen sein, bis *die Zeit erfüllt* ist (Kap. 1,10 LB) und er *sein Eigentum erlöst* (V. 14).

Die dritte Aussage Gottes über den Heiligen Geist ist, dass er ein ***Unterpfand*** bzw. *Angeld* (GNB) ist. Zu biblischen Zeiten bedeutete das Wort, das Paulus hier benutzt, eine *„erste Rate, eine Anzahlung, ein Pfand* … das einen legalen Anspruch auf den fraglichen Gegenstand sicherte".[12] Die Gabe des Geistes zeigt, dass Gott nicht nur denen, die seine Erlösung im Glauben annehmen, den Sieg am Ende verspricht, sondern ihn auch garantiert. Im Grunde genommen ist der Heilige Geist der erste Teil des großen Geschenkes des ewigen Lebens, das Gott am Ende gibt.[13]

Bei dem behandelten Abschnitt ist noch auf seine Betonung des Lobpreises Gottes in Vers 12 hinzuweisen. Ein ***Lobpreis seiner Herrlichkeit*** sollen wir sein, betont Paulus. Der *Lobpreis* ist in vielerlei Hinsicht ein zentrales Thema in Epheser 1 (siehe V. 6) und die einzige angemessene Reaktion auf das, was Gott für uns in Christus getan hat. Hier wird der große Unterschied zwischen der Ausrichtung des natürlichen Menschen auf sich selbst und der Ausrichtung der Christen auf Gott deutlich. John Stott schrieb dazu: „Der gefallene Mensch, der in seinem kleinen Ego gefangen ist, hat ein fast grenzenloses Vertrauen zur Macht seines eigenen Willens und einen fast unersättlichen Appetit auf das Lob zu seinem eigenen Ruhm. Aber Kinder Gottes haben zumindest angefangen, sich umkrempeln zu lassen. Die neue Gemeinschaft hat neue Werte und neue Ideale. Denn Gottes Kinder sind Gottes Eigentum; sie leben nach Gottes Willen und zu Gottes Verherrlichung."[14] Deshalb lobpreisen sie Gott in jeder Situation (siehe Kap. 5,20).

---

[12] Frederick William Danker (Hg.): *A Greek-English Lexicon of the New Testament and Other Early Christian Literature*, S. 134.

[13] In diesem Sinne schreibt Ellen White: „Durch den Geist wohnt Christus in uns, und der Geist Gottes, den unser Herz im Glauben empfängt, ist der Beginn des ewigen Lebens." *Das Leben Jesu* bzw. *Der Eine – Jesus Christus* (1995f.), S. 379.

[14] Stott, a. a. O., S. 50.

4. Ein vollmächtiges Gebet um tiefere Erkenntnis

Epheser 1,15-23

15 Deshalb höre auch ich, nachdem ich von eurem Glauben an den Herrn Jesus und von eurer Liebe zu allen Heiligen gehört habe, nicht auf, 16 für euch zu danken, und ich gedenke euer in meinen Gebeten, 17 dass der Gott unseres Herrn Jesus Christus, der Vater der Herrlichkeit, euch gebe (den) Geist der Weisheit und Offenbarung in der Erkenntnis seiner selbst. 18 Er erleuchte die Augen eures Herzens, damit ihr wisst, was die Hoffnung seiner Berufung, was der Reichtum der Herrlichkeit seines Erbes in den Heiligen 19 und was die überragende Größe seiner Kraft an uns, den Glaubenden, ist, nach der Wirksamkeit der Macht seiner Stärke. 20 Die hat er in Christus wirksam werden lassen, indem er ihn aus den Toten auferweckt und zu seiner Rechten in der Himmelswelt gesetzt hat, 21 (hoch) über jede Gewalt und Macht und Kraft und Herrschaft und jeden Namen, der nicht nur in diesem Zeitalter, sondern auch in dem zukünftigen genannt werden wird. 22 Und alles hat er seinen Füßen unterworfen und ihn als Haupt über alles der Gemeinde gegeben, 23 die sein Leib ist, die Fülle dessen, der alles in allen erfüllt.

Im obigen Abschnitt geht Paulus von dem atemlosen Lobpreis und der Schilderung seiner Heilstaten Gottes in den vorigen Versen zu einem gleichermaßen atemlosen Gebet über. In beiden Abschnitten lässt der Apostel eine Redewendung nach der anderen folgen, mit denen er sein Verständnis von Gott ausdrückt und das, was er in Christus für sein Volk getan hat. Im ersten Kapitel des Epheserbriefes findet sich vielleicht der vollgepackteste Prosatext des ganzen Neuen Testamentes.

Nach dem Lobpreis Gottes richtet Paulus an ihn die Bitte, die Christen mögen die Fülle des göttlichen Segens noch besser verstehen. Die folgende Gliederung wird uns helfen, die wichtigsten Anliegen seines Gebets zu erfassen.

1. Der Anlass für das Gebet des Paulus (V. 15)
2. Das Kernstück des Gebets (V. 16-18a):
   a. Dank für den Glauben und die Liebe der Empfänger
   b. Eine Bitte um ihre Erleuchtung
3. Die Einzelpunkte der erbetenen Erleuchtung (V. 18b.19):
   Sie mögen tiefer begreifen
   a. *die Hoffnung* ihrer *Berufung* durch Gott,
   b. *den Reichtum der Herrlichkeit seines Erbes in den Heiligen,*
   c. *die überragende Größe seiner Kraft an uns.*
4. Die Gestalt der *Größe der Kraft Gottes* (V. 20-23):
   a. Er hat *Christus aus den Toten auferweckt.*
   b. Er hat ihn *zu seiner Rechten in der Himmelswelt gesetzt.*
   c. Er hat Christus zum *Haupt der Gemeinde gegeben.*

Zunächst zum Anlass dieses majestätischen Gebets: Paulus hatte ***von dem Glauben an den Herrn Jesus und von der Liebe*** der dortigen Christen ***zu allen Heiligen gehört***. Das ist eine gute Nachricht, eine viel bessere, als er sie von den „bezauberten" Galatern oder den streitenden Korinthern gehört hatte (siehe Gal 3,1; 1,6; 4,9; 1 Ko 1,10-12). In Ephesus und Umgebung war eine Gruppe von Christen auf der richtigen Spur, denn sie demonstrierten „die Merkmale jeder echten Gemeinde ... Treue zu Christus und Liebe zu den Menschen".[15] Manche haben das Eine, aber nicht das Andere. Immerhin behaupten manche Menschen, Jesus treu zu sein, scheren sich aber kaum um andere Menschen. Andererseits kümmern sich einige sehr wohl um andere, verachten aber Jesus und die Botschaft vom Kreuz. Beide Gruppen sind auf dem falschen Weg. Die Empfänger des Briefes besitzen jedoch – nach allem, was Paulus von ihnen gehört hat – die beiden wesentlichen Merkmale des Christseins.

Das Bemerkenswerteste an der Fürbitte des Paulus ist, wie D. Martyn Lloyd-Jones bemerkt, dass er für derart ausgewogene Christen so inbrünstig betet. „Man könnte meinen, man brauchte für Menschen, die so gesegnet waren, nicht zu beten." Doch hier

[15] Barclay, a. a. O., S. 95.

gilt es etwas zu lernen: „Bekehrung ist nicht das Ende, sondern lediglich der Anfang, der erste Schritt" im Christenleben.[16] Gott möchte, dass seine Kinder während ihres ganzen Lebens in der Erkenntnis wachsen, die ihnen zu Herzen geht. In alle Ewigkeit hinein werden wir die Herrlichkeit dessen studieren, was Gott für uns in Christus getan hat.

Ein weiterer wichtiger Aspekt in der Fürbitte des Paulus liegt darin, dass er nicht um Segen für die Christen bittet, sondern um eine vertiefte Erkenntnis von dem, was sie bereits besitzen. Nach den Worten des Apostels sind Christen erlöste Menschen (in Kapitel 2,5.8 erscheint *errettet* in der Vergangenheitsform). Ihnen ist es eine Freude, immer besser zu verstehen, was es bedeutet, errettet zu sein, und immer mehr das Wirken des Vaters, des Sohnes und des Heiligen Geistes zur Erlösung der Menschen zu verstehen. Um solche Themen geht es nicht nur im Lobpreis und Gebet von Epheser 1, sondern im gesamten Brief. Aber solche Erkenntnis ist natürlich ohne das Wirken des Heiligen Geistes, der den Nachfolgern Jesu ***Weisheit und Offenbarung*** schenkt, unmöglich.

Vor allem sollen die Epheser drei Dinge besser verstehen. Das erste ist ***die Hoffnung*** ihrer ***Berufung*** durch Gott. Wie Paulus bereits erwähnt hat, geht unsere Erlösung auf Gottes Initiative zurück. Wir sind nicht eines Tages aufgewacht und spürten von uns aus ein Verlangen nach ihm und nach Erlösung. So war es nicht! Nach biblischer Lehre ist Gott es, der uns zuerst ruft. Wir antworten nur auf sein Werben. Und die *Hoffnung*, zu der er uns berufen hat, richtet sich nicht bloß auf ein besseres Leben auf dieser Erde, sondern auf ewiges Leben in Christus (siehe Rö 6,23). Dieses ewige Leben besitzt ein Christ zwar schon jetzt (siehe Jo 3,36; 5,24; 6,47 und Anmerkung 13), aber mit der Wiederkunft Jesu wird es in einer Fülle ausgeprägt werden (siehe 1 Ko 15,50-54), die wir heute unmöglich ganz begreifen können.

Das Zweite, von dem Paulus wollte, dass die Christen es besser erkennen, ist ***der Reichtum der Herrlichkeit seines Erbes in den***

---

[16] D. Martyn Lloyd-Jones: *God's Ultimate Purpose. An Exposition of Ephesians 1*, S. 338f.

Heiligen. Es ist viel darüber diskutiert worden, ob hier vom *Erbe* Gottes oder der Heiligen die Rede ist. Vom Griechischen her sind beide Deutungen möglich. Während die *Hoffnung* der Christen ganz sicher mit ihrem himmlischen Erbe verknüpft ist, ist vom Gesamtzusammenhang des Epheserbriefes her dieser Ausdruck in dem Sinne zu übersetzen, dass die Heiligen Gottes *Erbe* sind (siehe im vorige Kapitel zu V. 14). Das würde der Art entsprechen, wie alttestamentliche Verfasser lehrten, dass Israel „das Volk seines Erbteils" war (5 Mo 4,20 EB; vgl. Ps 33,12; Jer 10,16). Im Epheserbrief ist das ganze Volk Gottes – Juden wie Nichtjuden – sein *Erbe,* „an dem er dem Weltall die ungeahnten Schätze seiner Herrlichkeit aufzeigen wird".[17] Frederik Bruce bemerkt: „Wir können uns kaum vorstellen, was es Gott bedeuten muss, sein Ziel vollendet zu sehen: Geschöpfe seiner Hand zu sehen, Sünder, die durch seine Gnade erlöst wurden und seine Herrlichkeit widerspiegeln."[18]

Das dritte Gebetsanliegen des Apostels Paulus zielt darauf ab, dass die Christen noch besser ***die überragende Größe seiner Kraft*** verstehen mögen. Dafür erwärmt sich Paulus noch mehr als für die anderen beiden. Darum spricht er in den Versen 20 bis 23 begeistert von drei Dingen, die wir als Christen über die Macht Gottes wissen können.

Erstens ist ***Christus ... aus den Toten auferweckt*** worden. Die Auferstehung Jesu spielte für Paulus in seinem Verständnis des Evangeliums eine zentrale Rolle. In 1. Korinther 15,3-8 gibt er der Auferstehung denselben Stellenwert wie dem Tod Jesu. Und das aus gutem Grund, denn ein toter Erlöser bietet keine Hoffnung. In diesem Sinne sagt John Mackay: „Ohne seine Auferstehung wäre alles, was Jesus Christus in seinem Leben und mit seinem Tod gesagt und getan hat, nichtig und vergeblich. Wahrscheinlich würde niemand mehr an ihn denken."[19] Doch das Grab konnte Jesus nicht festhalten. Gott erweckte ihn zu neuem Leben. Darum hat er „Macht über den Tod und die Totenwelt" (Offb 1,18 GNB). Das ist keine Kleinig-

---

[17] O'Brien, a. a. O., S. 136.
[18] Bruce, a. a. O., S. 40.
[19] John A. Mackay: *God's Order. The Ephesian Letter and This Present Time*, S. 93.

keit. Seinen Sieg über den Tod wird er mit denen teilen, die an ihn glauben (siehe 1 Ko 15,54-57). Das gehört mit zu der *Hoffnung seiner Berufung*.

Zweitens sollen die Christen die *Kraft Gottes* auch darin noch besser verstehen, dass er nicht nur Jesus von den Toten auferweckte, sondern ihn auch ***zu seiner Rechten in der Himmelswelt gesetzt hat***. Hier bezieht Paulus sich auf die messianische Verheißung in Psalm 110,1 (einen der aus dem AT am häufigsten im NT zitierten Texte, siehe Mt 26,64; Mk 14,62; 16,19; Lk 22,69; Apg 2,33-35; 7,56; Rö 8,34; 1 Ko 15,25; Kol 3,1; Hbr 1,3; 8,1; 10,12). In dem Psalm lesen wir: „Der Herr sprach zu meinem Herrn: ‚Setze dich zu meiner Rechten, bis ich deine Feinde zum Schemel deiner Füße mache.'" (LB) Der auferstandene Christus erhielt nicht nur Anteil am Thron Gottes, sondern ihm war auch der endgültige Sieg ebenfalls gewiss. Und das zu Recht, wenn er ***hoch über jede Macht und Gewalt und Kraft und Herrschaft gesetzt*** ist, ***nicht nur in diesem Zeitalter, sondern auch in dem zukünftigen***. Hier denkt Paulus an die *Weltbeherrscher dieser Finsternis* und an die *geistigen Mächte der Bosheit in der Himmelswelt* (Eph 6,12).

Christus wurde zugleich ***über jeden Namen*** erhöht. Diese Ausdrucksweise „sprach besonders Menschen an, die zuvor mit Magie zu tun hatten, wie es auf viele Christen in Ephesus zutraf", bemerkt Clinton Arnold. „Die richtigen Namen zu wissen und die mächtigsten Namen anzurufen, war für die Ausübung von Magie von großer Bedeutung." Daher „betonte Paulus die Überlegenheit Christi so eindeutig. Es gibt keinen vorstellbaren Gott, keine Göttin, keine Macht, keinen Geist oder Dämon, der nicht unter die Herrschaft Christi fällt."[20] Das war damals ebenso eine gute Nachricht wie sie es heute ist. Christen, die dem Sohn Gottes dienen und ihn verehren, haben von keiner Macht etwas zu fürchten.

Als Drittes wollte Paulus seinen Lesern in Bezug auf Christus klar machen: ***Gott hat*** nicht nur ***alles … seinen Füßen unterworfen***, sondern ihn auch ***als Haupt über alles der Gemeinde gegeben, die***

---

[20] Clinton E. Arnold, *Powers of Darkness. Principalities and Powers in Paul's Letters*, S. 107.

sein Leib ist. In einigen seiner früheren Briefe hatte Paulus bereits die Gemeinde als Leib Christi beschrieben, der harmonisch zusammenarbeiten soll, wie es die Glieder eines gesunden Körpers tun. Doch in Abschnitten wie 1. Korinther 12,12-27 ist das Haupt nur ein Teil des Körpers. Hier in Epheser 1,22.23 stellt Paulus Christus als das einzigartige und allmächtige ***Haupt*** dar, das den übrigen Leib ausfüllt. „Christus ist zum *Haupt* bestimmt" – nicht nur im bildlichen Sinne, „sondern damit auf diese Weise eine Vorstellung von der Einmaligkeit und wichtigen Bedeutung Jesu vermittelt wird", erklärt John McVay.[21] Die Gemeinde hat nur ein Haupt, und dieses Haupt ist nicht nur mächtig, sondern auch aktiv. Er ***lebt in ihr mit seiner ganzen Fülle.*** (V. 23 GNB) „Die Gemeinde ist unentwirrbar mit dieser *Fülle* verbunden, und zwar als Empfängerin und als Spenderin."[22] Die Glieder des Leibes wirken unter der Leitung ihres Hauptes und verbreiten das Evangelium Christi in der Welt.

5. Was wir früher waren

Epheser 2,1-3

1 Auch euch (hat er auferweckt), die ihr tot wart in euren Vergehungen und Sünden, 2 in denen ihr einst wandeltet gemäß dem Zeitlauf dieser Welt, gemäß dem Fürsten der Macht der Luft, des Geistes, der jetzt in den Söhnen des Ungehorsams wirkt. 3 Unter diesen hatten auch wir einst alle unseren Verkehr in den Begierden unseres Fleisches, indem wir den Willen des Fleisches und der Gedanken taten und von Natur Kinder des Zorns waren wie auch die anderen.

Kapitel 2 beginnt mit einer eindrucksvollen Darstellung dessen, was Gott in Christus für uns getan hat. Paulus erklärt darin die Heilsgeschichte in zwei Stufen. Die Empfänger seines Briefes (und wir) wer-

---

[21] John McVay zitiert in Gerald F. Hawthorne und Ralph P. Martin (Hg.): *Dictionary of Paul and His Letters,* S. 378.

[22] Thomas R. Yoder Neufeld: *Ephesians,* S. 88.

den daran „erinnert, wovon sie befreit wurden und wozu sie erhöht wurden".[23] Der obige Abschnitt behandelt die erste Stufe und die Verse 4 bis 10 die zweite.

Bevor wir näher auf seinen Inhalt eingehen, sollten wir beachten, wie Paulus hier die Fürwörter verwendet. In Vers 1 und 2 benutzt er ***euch*** und ***ihr***; damit sind Heiden angesprochen. Niemand hegte Zweifel hinsichtlich ihrer Vergangenheit: Es war offensichtlich, dass sie wegen ihrer Sünden verlorene Menschen waren. Doch in Vers 3 geht Paulus zum ***wir*** über und schließt damit sich selbst und andere Juden ein. Im Endergebnis sind alle (Nichtjuden wie Juden) Sünder, alle sind ***Kinder des Zorns***, alle sind gleichermaßen ***tot durch [ihre] Übertretungen und Sünden*** (V. 1 LB) und bedürfen darum alle der Erlösung *aus Gnade durch Glauben* (V. 8).

In der Gedankenführung folgt Paulus demselben Muster wie in Römer 1 bis 3. In Römer 1,18-32 beschreibt Paulus die „schlimmen" Sünden der Heiden und ihren hoffnungslosen Zustand. Man kann sich vorstellen, wie die „Heiligen" zustimmend mit den Köpfen nickten. Aber dann folgt Römer 2, wo den Juden gesagt wird, sie seien ebenso Sünder und bräuchten sich nicht hämisch zu freuen. Es kann leicht sein, dass wir „gerechte" Gemeindeglieder mit unseren eher „harmlosen" Sünden auf andere herabsehen. Aber Paulus spricht in Römer 2,1 bis 3,23 den religiös ausgerichteten Teil der Menschen an und sagt: „Sie sind allesamt Sünder und ermangeln des Ruhmes, den sie bei Gott haben sollten" (Rö 3,23 LB), Juden wie Nichtjuden. Unmittelbar danach weist er auf die einzige Lösung für beide Gruppen hin.

Die beiden großen Themen im Römer- und im Epheserbrief sind die Verlorenheit der Menschen und Gottes Lösung, die er aus Gnade anbietet und die jeder Einzelne im Glauben annehmen muss. Paulus ist sich sicher, dass er eine Botschaft hat, die Juden wie Nichtjuden brauchen. Ohne das Kreuz Christi und die Gnade Gottes kommen weder die Einen noch die Anderen aus. Vor dem Kreuz befinden sich alle auf einer Ebene; keine Gruppe steht höher als die andere.

---

[23] Handley C. G. Moule: *Ephesian Studies*, S. 66.

In beiden Briefen verwendet Paulus große Mühe auf, um klarzustellen: Die absolute Abhängigkeit beider, Juden wie Nichtjuden, von der Gnade Gottes soll sie als Volk Gottes miteinander vereinen. Mit dem Thema der Einheit erreicht Paulus in Römer 9 bis 11 in seinen Ausführungen einen Höhepunkt. Es nimmt auch in Epheser 2,11-22 eine zentrale Stellung ein, wo der Apostel davon spricht, dass *die Mauer eingerissen ist, die die beiden trennte* (V. 14 GNB) und die vereinigte Gemeindefamilie *auf den Eckstein im Fundament Jesus Christus* aufgebaut ist (V. 20 GNB). Somit bilden die Verlorenheit des Menschen und die Gnade Gottes die Mitte der Soteriologie (die Lehre von der Erlösung) des Paulus und seiner Ekklesiologie (die Lehre von der Gemeinde).

Verlassen wir nun die Fürwörter in Epheser 2,1-3 und wenden uns dem Begriff *Macht* zu. Wie Gott die Macht hatte, Jesus von den Toten aufzuerwecken (Kap. 1,20), so hat er auch Macht, Gläubige vom Tod zu erretten (Kap. 2,1), und zwar durch den *überragenden Reichtum seiner Gnade,* die er in uns *in seiner Güte in Christus Jesus erwies*en hat (Kap. 2,6.7). Das Thema von Gottes Macht verbindet Epheser 1 und 2 miteinander.

Das Schlüsselwort im obigen Abschnitt ist ***tot***. Gemäß Paulus ist dies der Zustand all derer, die nicht „in Christus" sind. Als Ursache für den Zustand gibt der Apostel ***Übertretungen und Sünden*** an (V. 1 LB). Der bekannte Reformator Johannes Calvin schrieb dazu: „Paulus meint nicht nur, sie seien in Todesgefahr gewesen; er spricht vielmehr von einem realen und gegenwärtigen Tod, von dem sie überwältigt wurden. Da der geistliche Tod nichts anderes ist als die Entfremdung eines Menschen von Gott, werden wir alle tot geboren und leben als Tote, bis wir Teilhaber des Lebens Christi werden."[24] Dieses Teilhaben am Leben Christi bezeichnete Jesus als Neugeburt (siehe Jo 3,5-7), ein Thema, das in Epheser 2,4-10 in den Mittelpunkt rückt, bei dem es um das Leben geht.

---

[24] John Calvin: *The Epistles of Paul the Apostle to the Galatians, Ephesians, Philippians and Colossians*, S. 139.

Vor ihrer Neugeburt wurden die Christen von drei mächtigen Einflüssen beherrscht. Den ersten beschreibt Paulus als einen Lebenswandel ***nach der Art dieser Welt*** (V. 2 LB). ***Wandeln*** ist in der gesamten Bibel ein bedeutsames Wort. „Es ist ein Synonym für unser Leben. Das Leben ist ein Wandeln von der Wiege bis zum Grabe", erklärt F. B. Meyer.[25] Aus der Perspektive des Paulus *wandelt* ein Mensch entweder ohne Gott, d. h. nach den egoistischen Wertvorstellungen der heutigen Kultur, oder er *wandelt* mit Gott und hält sich an die Richtlinien Christi, die auf Gott und die Mitmenschen ausgerichtet sind.

Die Versuchung, zu leben, *wie es in dieser Welt üblich ist* (Hfa), lauert auf jeden von uns. Als Bestandteil unserer Umgebung verlockt sie uns, uns an die Lebensart der umgebenden Kultur eher anzupassen als an die Prinzipien Gottes, und auf diese Weise weltlich, materialistisch, unmoralisch, ungerecht usw. zu *wandeln*. Viele stehen in der Versuchung, ihr Leben so zu führen, wie sie es jeden Tag auf den Fernsehbildschirmen sehen können. Die sündige Welt, die uns umgibt, will uns in ihr Ebenbild verwandeln. Ein Leben *nach der Art dieser Welt* führt zu einer Gebundenheit, aus der es kaum ein Entrinnen gibt. Es macht uns *tot* für Gottes Dinge und übermäßig empfänglich für die Sensationen dieser Welt.

Der zweite Einfluss, der darauf abzielt, die Menschen herabzuziehen, geht aus von ***dem Mächtigen, der in der Luft herrscht, nämlich dem Geist, der zu dieser Zeit am Werk ist in den Kindern des Ungehorsams*** (V. 2 LB). Hier wird deutlich, welche persönliche Macht sich hinter dem Geist und den Werten der Welt verbirgt. Im Epheserbrief finden wir mehr Aussagen über die personale Ursache des Bösen als in allen anderen neutestamentlichen Briefen; sie gipfeln in dem Aufruf, die geistliche Auseinandersetzung *mit den bösen Geistern unter dem Himmel* aufzunehmen (Kap. 6,12 LB). Paulus führt mindestens zweimal im Epheserbrief den *Teufel* als den letzten Ursprung des Bösen an (siehe Kap. 4,27; 6,11). Hier in Kap. 2,2 bezeichnet er ihn als den *Fürsten der Macht der Luft*.

---

[25] F. B. Meyer: *Power for Living. Studies in Ephesians*, S. 109.

Der Teufel war für Paulus keine Fiktion. Er sah in ihm vielmehr die Ursache für unsere geistlichen Probleme. Satan täte nichts lieber, als die Menschen (einschließlich der Christen) zu überzeugen, dass er nicht wirklich existiert. Darin war er bereits recht erfolgreich. So hat er die Menschen scharenweise für die Wirklichkeit seines persönlichen Einflusses in der Welt im Allgemeinen und im persönlichen Leben blind gemacht. Dadurch ist es ihm gelungen, viele in der Auseinandersetzung zwischen Gut und Böse schutzlos zurückzulassen. Wir müssen begreifen, was Paulus mit seinen klaren Aussagen über die geistlichen Gewalten sagen will, die versuchen, die Menschen in einem Zustand der Verlorenheit und des geistlichen Todes festzuhalten.

Wir Menschen haben nicht nur mit geistlichen Mächten zu tun, die in unserer Umwelt wirken und uns beeinflussen, sondern wir tragen auch ein großes Problem in uns. Der dritte Einfluss, der uns zu schaffen macht und uns in Sünde und geistlichem Tod gefangen hält, sind die ***Begierden unseres Fleisches***. *Fleisch* „ist der Lieblingsausdruck des Apostels Paulus, mit dem er auf den inneren Drang des Menschen hinweist, anders zu handeln, als es dem Maßstab der Gerechtigkeit Gottes entspricht", erklärt Clinton Arnold. „Der Ausdruck bezeichnet nicht nur die von innen treibende Kraft zu Handlungen, die den Körper betreffen wie sexuelle Sünden, sondern auch Aspekte des Gedankenlebens wie Neid und Zorn. Dieser innere Antrieb, Böses zu tun, steht im Gegensatz zu dem neuen Impuls, mit einer durch die Gottesgabe des Heiligen Geistes bereitgestellten moralischen Integrität zu leben (siehe Gal 5,19-23)."[26]

Paulus verbindet das Konzept des *Fleisches* mit dem des *Wandelns,* indem er in Römer 8,4 davon spricht, dass der Mensch entweder „nach dem Fleisch" oder „nach dem Geist wandelt" (EB). Die *Begierden unseres Fleisches* beziehen sich nicht auf die natürliche Erfüllung der uns von Gott gegebenen Neigungen, sondern auf ihre entartete Befriedigung. So ist der Teufel stets darauf aus, Menschen dazu zu bewegen, vom Sex in der Ehe auf Ehebruch umzusteigen,

[26] Arnold, „Ephesians", a. a. O., S. 125.

von einer natürlichen Freude an Speisen auf Völlerei und von natürlicher Lebensbegeisterung auf ein gefährliches Streben nach aufregenden Erlebnissen. Und wie zu erwarten, ist dem Teufel nichts lieber, als die kulturellen Kräfte mit dem eigensinnigen Drängen des *Fleisches* zu vereinen, um die entartete Befriedigung eines jeden Antriebs attraktiver und aufregender zu machen als die von Gott beabsichtigte Weise.

Fassen wir zusammen: Paulus schildert im obigen Abschnitt Menschen, die in ihrem natürlichen Zustand aus mindestens drei Quellen vom Bösen beeinflusst werden:

1. durch die Umwelt,
2. durch einen übernatürlichen, mächtigen Widersacher und
3. durch innewohnende Neigungen zum Bösen.

Gemeinsam führen sie zum Scheitern und zum geistlichen Tod. So erging es den Christen in ihrem früheren Leben. Sie waren machtlos gegen diese Einflüsse, die täglich auf sie einstürmten. Das ist die schlechte Nachricht vom Zustand des Menschen, wie Paulus ihn schildert.

Aber diese schlechte Nachricht wird im folgenden Abschnitt von einer guten Nachricht abgelöst. Christi Macht, die *allen unsichtbaren Mächten und Gewalten* überlegen ist (Eph 1,21 GNB), kann jeder von uns in Anspruch nehmen. An dieser Stelle kommen die einleitenden Worte des folgenden Abschnitts ins Bild: *Gott aber*.

6. Was wir heute in Christus sind

Epheser 2,4-10

4 Gott aber, der reich ist an Barmherzigkeit, hat um seiner vielen Liebe willen, womit er uns geliebt hat, 5 auch uns, die wir in den Vergehungen tot waren, mit dem Christus lebendig gemacht – durch Gnade seid ihr errettet! 6 Er hat uns mitauferweckt und mitsitzen lassen in der Himmelswelt in Christus Jesus, 7 damit er in den kommenden Zeitaltern den überragenden Reichtum seiner Gnade in Güte an uns erwiese in Christus Jesus. 8 Denn aus Gnade

seid ihr errettet durch Glauben, und das nicht aus euch, Gottes Gabe ist es; 9 nicht aus Werken, damit niemand sich rühme. 10 Denn wir sind sein Gebilde, in Christus Jesus geschaffen zu guten Werken, die Gott vorher bereitet hat, damit wir in ihnen wandeln sollen.

Gott aber! Es gibt kaum ein gewichtigeres Wortpaar als dieses in der Bibel. Eben noch hat Paulus die Nichtchristen beschrieben als *„tot in Sünden,* die unter der Macht von bösen, übernatürlichen Wesen stehen, von ihren eigenen sündhaften Wünschen beherrscht werden und Gottes Zorn unterliegen". Sie waren in einem Zustand, in dem „sie keine Gnade von Gott erwarten konnten".[27] Paulus hatte sie nicht als teilweise verloren bezeichnet, sondern als total verloren und hoffnungslos. Das war die Botschaft von Epheser 2,1-3.

An diesem kritischen Punkt bringt er sein *Gott aber …* ein. Ein grundlegender Aspekt des Geheimnisses des Evangeliums ist es, dass Gott Sünder trotz ihrer selbst rettet. Er stand nicht müßig dabei, als Sünder den Weg zur ewigen Vernichtung einschlugen, sondern schritt ein und tat das für sie, was sie nicht selbst tun konnten. Anstatt ihnen zu geben, was sie verdient hatten, bot er ihnen das an, was sie nicht verdient hatten. Er wandte ihnen lieber Gnade als Zorn zu. Und Paulus leitet seine Ausführungen über dieses Gabe mit den zwei Worten ein, die Aufmerksamkeit erregen: *Gott aber …*

Andrew Lincoln erklärt, wie sich der obige Abschnitt in den großen Zusammenhang des Briefes einfügt: In Epheser 1,15-23 „hat der Verfasser seinen Lesern mitgeteilt, er hätte für sie gebetet, dass sie die überragende Größe der Macht Gottes erkennen, die er ihnen als Gläubige erwies. Nun [in Kap. 2,4-10] verhilft er ihnen selbst dazu, solch eine Erkenntnis zu gewinnen, indem er sie daran erinnert, wie Gottes Macht sich auf ihr Leben ausgewirkt und welche gewaltige Veränderung sie bewirkt hat."[28]

Dieser Abschnitt zwingt uns zunächst, dem ins Auge zu blicken, was wir Menschen ohne Christus sind: ***Wegen unserer Sünden***

---

[27] Ernest Best: *A Critical and Exegetical Commentary on Ephesians*, S. 213.
[28] Andrew T. Lincoln: *Ephesians*, S. 116.

waren wir in Gottes Augen tot. (V. 5 Hfa) Ungehorsam und Übertretungen trennen uns von Gott (siehe Jes 59,2), der Quelle des Lebens. Paulus lässt keinen Zweifel daran: Sünde führt zu Gebundenheit, Verdammung und Tod.

Dann erfahren wir in dem obigen Abschnitt eine Menge über Gott. Paulus benutzt vier hilfreiche Ausdrücke, die ihn kennzeichnen und das *Gott aber …* erläutern. Der erste ist ***Barmherzigkeit***. Das Alte Testament bezeichnet Gott an vielen Stellen als barmherzig. Das tat auch er selbst, als er Mose auf dem Berg begegnete, indem er (auf sich bezogen) ausrief: „HERR, HERR, Gott, barmherzig und gnädig und geduldig und von großer Gnade und Treue, der da Tausenden Gnade bewahrt und vergibt Missetat, Übertretung und Sünde." (2 Mo 34,5.6 LB; vgl. Ps 103,8; Jon 4,2; Mi 7,8) Als „Vater der Barmherzigkeit" (2 Ko 1,3 LB) gibt er rebellischen Menschen nicht, was sie verdient haben, sofern sie bereit sind, auf seinen Ruf zu antworten und demütig zu ihm zu kommen.

Die zweite Eigenschaft Gottes, die Paulus in diesem Abschnitt nennt, ist ***seine große Liebe*** (Eph 2,4 LB). Diese Liebe macht den lebendigen Gott zu dem, der er ist (siehe 1 Jo 4,8.16), und ist der Grund für die Sendung des Sohnes als Retter (siehe Jo 3,16).

Ein dritter Charakterzug Gottes ist ***Güte***. Solche *Güte* ist für Paulus keine bedeutungslose Abstraktion, sondern es handelt sich vielmehr um seine ***Güte gegen uns in Christus Jesus*** (Eph 2,7 LB). Das vierte Merkmal, das Paulus erwähnt, ist die ***Gnade***, die in seiner Theologie eine so zentrale Stellung einnimmt, dass er sie in diesem Abschnitt gleich dreimal erwähnt (in V. 5.7.8).

Gnade ist ein zentrales Thema im Epheserbrief. Er erwähnt den Begriff zwölf Mal. In seinem Lobpreis in Kapitel 1 sagte Paulus, dass Gott sie *uns erwiesen hat durch Jesus Christus* (V. 6 GNB), uns mit ihr *überströmt* hat (V. 8 GNB), und wir die *Erlösung durch sein Blut* haben *nach dem Reichtum seiner Gnade* (V. 7). Aufgrund seiner Gnade gibt Gott uns, was wir nicht verdient haben. Er bietet uns seine Erlösung an, statt seinen Zorn auszugießen. Wäre Gott nicht gnädig, hätte Paulus niemals schreiben können: *Gott aber hat uns **errettet*** (V. 5).

Dieses Kapitel beschreibt nicht nur Gottes Wesen in Stichworten, sondern schildert auch anschaulich, was der Herr für sein Volk in Christus getan hat: Der Schlüsselbegriff dafür ist ***errettet*** (Kap. 2,5.8), jedes Mal verbunden mit *aus Gnade*. Unbedingt zu beachten ist dabei die grammatische Form des griechischen Perfekts, das eine vollendete Handlung mit andauernder Wirkung bezeichnet. *Errettung* ist nach dem Epheserbrief nicht etwas, auf das man hofft, sondern eine im Leben eines Christen vollendete Tatsache. Wir sind schon *errettet*, aber – wie bereits erwähnt – die Erlösung in ihrer Fülle empfangen wir erst, wenn Jesus wiederkommt und uns von den noch anhaltenden Problemen einer sündigen Welt errettet.

Doch laut Paulus hat Gott bereits dreierlei für seine Kinder getan. Er hat uns:

1. ***mit dem Christus lebendig gemacht*** (V. 5),
2. ***mit auferweckt*** (V. 6) und
3. ***mit eingesetzt im Himmel in Christus Jesus*** (V. 6 LB).

Interessanterweise gleichen diese Segnungen „den drei aufeinander folgenden historischen Ereignissen in … der Karriere Jesu, die gewöhnlich als Auferstehung, Himmelfahrt und Einsetzung" im Himmel zur Rechten Gottes bezeichnet werden.[29] In seiner Erläuterung über Gottes Macht in unserem Leben in Epheser 1,21.22 nennt Paulus ausdrücklich das erste und dritte Ereignis. Doch hier in Kap. 2,4-10 spricht er über die Gläubigen und nicht über Christus. „Er bestätigt nicht, dass Gott Jesus lebendig gemacht, ihn auferweckt und im Himmel eingesetzt hat, sondern dass er *uns mit Christus lebendig gemacht, mitauferweckt* und *mit eingesetzt* hat", hebt John Stott hervor. „Dieses Konzept der Einheit des Volkes Gottes mit Christus ist für das neutestamentliche Christentum grundlegend. Was zeichnet die Mitglieder der neuen Gemeinschaft Gottes aus? Nicht nur, dass sie Jesus bewundern und sogar verehren und den Lehren der Gemeinde zustimmen; nicht einmal, dass sie nach bestimmten moralischen Regeln leben. Nein; was sie auszeichnet, ist ihre neue Solidarität als ein Volk, das ‚in Christus' ist. Durch ihr

[29] Stott, a. a. O., S. 81.

Einssein mit Christus haben sie tatsächlich Anteil an seiner Auferstehung, Himmelfahrt und Einsetzung."[30] Kurz gesagt: Es gehört zur guten Nachricht, die Paulus verkündigt, dass wir als Christen bereits zur universellen Gemeinde in der Himmelswelt gehören. Dies ist eine geistliche Realität trotz der Tatsache, dass wir noch eine Zeit lang auf dieser Erde leben.

Paulus' Verständnis des Evangeliums geht weit über das hinaus, was die meisten von uns begriffen haben. Darum kann er sich in Kapitel 1 mit seinem Lobpreis für das, was Gott für die Seinen in Christus getan hat, kaum zurückhalten und nicht aufhören zu beten, dass wir die Größe unserer gegenwärtigen Erlösung begreifen mögen.

In Epheser 2,4-10 beschreibt Paulus nicht nur die Größe unserer Erlösung, sondern auch, wie Gott sie vollbracht hat. Dazu gebraucht er zwei Verneinungen und zwei Bejahungen: Erlösung ist

- ***nicht aus euch*** (V. 8) und
- ***nicht aus Werken, damit niemand sich rühme*** (V. 9)

Paulus wird nicht müde, immer wieder zu betonen, dass Menschen nichts tun können, um sich Gottes Erlösung in Christus zu verdienen oder etwas hinzuzutun. Das ist nicht nur wahr, sondern angesichts der Versuchung des Menschen zum Stolz auch notwendig.

Auf der positiven Seite lassen sich die Ausführungen des Apostels zum Thema Erlösung in zwei Wendungen zusammenfassen:

- ***aus Gnade*** und
- ***durch Glauben*** (V. 8).

Aus Gnade bedeutet: Gott schenkt uns, was wir nicht verdient haben; er segnet und vergibt uns, obwohl uns eigentlich Verdammung und Tod zuteil werden müssten. Aber das ist an eine Bedingung geknüpft: Wir müssen seine Gnade annehmen. Das geschieht *durch Glauben*. Der Glaube, das müssen wir erkennen, ist kein anders geartetes Werk des Menschen, sondern eine Gabe Gottes, gewirkt durch Gnade (siehe Apg 18,27b). Gott selbst macht es mög-

---

[30] Ebd.

lich, dass wir glauben können. An uns ist es, diese Möglichkeit wahrzunehmen. Der Glaube ist sozusagen unsere „Hand", mit der wir Gottes Gnade annehmen können. Gott ist mehr als willig, uns seine Gaben zu geben, aber er zwingt sie niemandem auf. Der Glaube ist der Kanal, durch den wir sie empfangen.

Als letztes sagt uns dieser Abschnitt, dass Gottes erlöstes Volk die Wunder seiner Gnade bezeugen soll. In Vers 7 erfahren wir, dass er uns ***in den kommenden Zeitaltern den überragenden Reichtum seiner Gnade in Güte an uns erweisen*** will ***in Christus Jesus***. An Gottes gerettetem Volk wird man „für alle Zeiten erkennen können, was Gnade bedeutet", meint Frederik Bruce.[31]

Nach Vers 10 wird die Dynamik dieser Darlegung dadurch gesteigert, dass *aus Gnade* erlöste Menschen Gottes ***Gebilde***, eine Art Schöpfungswerk sind. Sie sind nicht nur individuelle Beispiele für etwas, das Gott für Menschen tun kann, sondern als Gottes Gemeinde sind sie ***geschaffen in Christus Jesus zu guten Werken, die Gott zuvor bereitet hat, damit wir in ihnen wandeln sollen***.

Wir müssen eine wichtige Unterscheidung machen: Christen verdienen ihr Heil zwar nicht durch ihre *Werke*, aber sobald sie gerettet und *in Christus* neu *geschaffen* sind (vgl. 1. Mose 1,1; Ps 51,12), leben sie gemäß ihrem neuen Herzen und ihrer Gesinnung (siehe Hes 36,26.27), die sich nicht in Rebellion gegen Gott befindet, und bringen ***gute Werke*** hervor, die Gott in sie hineinlegt. Christliche *Werke* sind nicht die *Wurzel* der Erlösung, sondern ihre natürliche *Frucht*.

Noch einmal benutzt Paulus in Verbindung mit der neuen Richtung, die vom Geist neu geborene Christen nehmen, das Wort ***wandeln***: Christen *wandeln* in *guten Werken* der Liebe Gottes (siehe Gal 5,6), weil sie durch Jesus eine neue Beziehung zu Gott haben und geistlich auferweckt wurden. Das steht im Gegensatz zu ihrem vorherigen Leben, als sie *nach der Art dieser Welt … gewandelt* sind (V. 2 LB / EB). Dass Gottes erlöstes Volk bevollmächtigt ist, ein neues Leben zu führen, demonstriert die Macht der Gnade Gottes.

---

[31] Bruce, a. a. O., S. 288; vgl. Best, a. a. O., S. 223.

Paulus ist begeistert, wenn er über die Höhe, die Tiefe und die Breite (siehe Kap. 3,18) der Erlösung schreibt. Und wenn wir anfangen zu begreifen, was er uns im Epheserbrief sagt, werden auch wir immer mehr von seiner Begeisterung angesteckt werden.

7. Die große Trennung, bevor sie Christen wurden

Epheser 2,11.12

11 Deshalb denkt daran, dass ihr, einst (aus den) Nationen dem Fleisch nach – „Unbeschnittene" genannt von der so genannten „Beschneidung", die im Fleisch mit Händen geschieht –, 12 zu jener Zeit ohne Christus wart, ausgeschlossen vom Bürgerrecht Israels und Fremdlinge hinsichtlich der Bündnisse der Verheißung; und ihr hattet keine Hoffnung und wart ohne Gott in der Welt.

Die beiden großen Themen von Epheser 2 sind Entfremdung und Versöhnung. In den ersten drei Versen geht es um die Entfremdung der Menschen von Gott, während die obigen Verse aufzeigen, worin die Entfremdung zwischen Menschen damals bestand. In ähnlicher Weise handeln die Verse 4 bis 10 von der Versöhnung der Sünder mit Gott, während Paulus in den Versen 13 bis 22 zeigt, wie Christen zusammenkommen. Im Aufbau des Kapitels hängt die zweite Art Versöhnung von der ersten ab: Wenn Menschen mit Gott ins Reine kommen, können sie auch miteinander ins Reine kommen, wenn sie sich der großen Familie Gottes anschließen.

Leider gab es und gibt es heute einige Gläubige, die meinen, sie könnten mit Gott im Reinen sein, ohne anderen Christen Achtung und Respekt entgegenzubringen. Das war die Ursache der Spaltung zwischen Juden- und Heidenchristen in den damaligen Gemeinden Kleinasiens. Sie besteht bei uns heute nicht mehr, obwohl der Antisemitismus für einige immer noch ein Problem darstellt. Entfremdung entsteht bei uns eher durch rassische oder soziale Unterschiede oder Meinungsverschiedenheiten in theologischen (Rand-)Fragen. Aber das Problem der Entfremdung ist ebenso ernst und verheerend für die Einigkeit der Gemeinde Gottes wie vor 2000 Jahren. Und deshalb ist Versöhnung ihr ständiges Bedürfnis, wenn ihre Glieder sich bemühen, dem Ideal Gottes näher zu kommen.

Den Punkt, den wir nach eingehendem Studium von Epheser 2 nie vergessen werden, ist: Wir können niemals wirklich mit Gott im Reinen sein, wenn wir nicht alle anderen Kinder Gottes lieben – auch solche, die ganz anders sind als wir selbst – und diese Liebe auch ausleben. Paulus macht klar: Die Gemeinde ist die *Familie* Gottes (V. 19 Hfa) und keine Anhäufung von religiösen, sozialen oder rassischen Klubs. Daher ist Epheser 2 heute noch ebenso zeitgemäß wie damals, als Paulus den Brief schrieb.

Ich war einmal Prediger einer Gemeinde, in der ein Glied jeden Sabbat 160 Kilometer zum Gottesdienst fuhr, weil zu der Gemeinde am Ort jemand aus einer anderen Rasse gehörte. Einen solchen Menschen kann man nur als geistlich krank bezeichnen; er war verwirrt über den Sinn der Gemeindezugehörigkeit und verloren. Er litt noch unter der Entfremdung, die uns prägte, bevor Jesus in unser Leben trat. Hören wir genau hin, denn in Epheser 2 spricht Paulus nicht allein Probleme von Menschen an, die früher lebten. Er spricht auch zu uns über unsere heutigen Probleme.

Der Schlüsselbegriff in Vers 11 ist ***einst***. Dem steht das *jetzt aber* von Vers 13 gegenüber. Paulus beschreibt zunächst die Stellung der Nichtjuden vor ihrer Begegnung mit Christus als *ausgeschlossen vom Bürgerrecht Israels und Fremdlinge hinsichtlich der Bündnisse der Verheißung*.

Die Juden und Nichtjuden des ersten Jahrhunderts waren durch eine Reihe von Schranken voneinander getrennt. Eine davon war die Beschneidung, in der die Juden zu Recht das Zeichen des Bundes Abrahams mit Gott sahen (seine 1 Mo 17,9-14). Doch in ihrer Arroganz, das auserwählte Volk Gottes zu sein, dachten sie nicht daran, dass zur Zugehörigkeit zu seinem Volk auch eine Beschneidung des Herzens gehört (siehe 5 Mo 10,16; 30,6; Jer 4,4). Wie auch bei der christlichen Taufe ist in Gottes Augen die äußerliche Handlung am Körper nur als Zeichen einer inneren Veränderung bedeutsam (siehe Rö 2,28.29; 6,3-6). Eines der Probleme religiöser Menschen zu allen

Zeiten besteht darin, dass sie äußerliche Zeichen an die Stelle der Realität eines von Gott umgewandelten Lebens setzen.

Im ersten Jahrhundert waren Beleidigungen aufgrund rassischer oder religiöser Unterschiede keine Seltenheit. Die Juden bezeichneten die Heiden als „die Unbeschnittenen" oder „unbeschnittene Hunde" und die Nichtjuden äußerten sich nicht gerade schmeichelhaft über die Beschneidung der Juden. Die Barriere zwischen beiden Gruppen zeigte sich sogar im Gebetsleben der jüdischen Männer, die Gott jeden Tag dafür danken sollten, nicht als Sklave, Frau oder als Heide geboren worden zu sein. Doch am sichtbarsten war die Schranke zwischen ihnen in der Architektur des Tempelkomplexes in Jerusalem zu erkennen. Im ersten Jahrhundert hatte er mehrere Höfe, die zunehmend weiter vom Tempel entfernt war. Der am dichtesten am Heiligtum gelegene Hof war der für die Priester. Danach kam der Hof für die jüdischen Männer, dann der für die Frauen. Sie alle lagen auf der gleichen Ebene wie der Tempel. Auf einer tieferen Ebene und hinter einer Mauer befand sich der Hof für die Nichtjuden. Näher als bis hier durfte kein Jude an das Heiligtum heran.

Der Hof der Nichtjuden war durch eine Mauer vom Hof der Juden getrennt, an der Warnschilder in griechischer und lateinischer Sprache angebracht waren. Josephus, der jüdische Historiker des ersten Jahrhunderts, beschrieb sie: „Es gab dort eine aus Steinen errichtete Abtrennung … deren Höhe drei Ellen [ungefähr 1,40 Meter] betrug … Darauf standen Säulen in gleichem Abstand voneinander, auf denen das Reinheitsgebot erklärt wurde, auf einigen in griechischen und auf anderen in römischen Buchstaben: ‚Kein Ausländer darf das Heiligtum betreten.'"[32] An anderer Stelle erwähnte Josephus, dass die Inschrift „jedem Fremdem bei Androhung der Todesstrafe verbot hineinzugehen".[33] In den letzten 150 Jahren haben Archäologen zwei dieser Inschriften wiedergefunden.

Paulus selbst hat wenige Jahre, bevor er den Epheserbrief schrieb, erlebt, wie stark die Entfremdung im Hinblick auf den Tempel war,

[32] Flavius Josephus: *De Bello Judaico*, Bd. V, 5.2.
[33] Flavius Josephus: *Antiquitates Iudaicae*, Bd. XV, 11.5.

als ein jüdischer Pöbel ihn fast lynchte, weil die Männer dachten, er hätte einen Griechen in den Tempelbereich gebracht. Interessanterweise ging es in diesem Fall um einen Mann aus Ephesus (siehe Apg 21,27-30).

In seinen Ausführungen über die Entfremdung zwischen Juden und Nichtjuden schreibt William Barclay: „Die Juden verachteten die Heiden aufs Tiefste. Sie behaupteten, die Heiden seien von Gott dazu geschaffen worden, um Brennstoff für die Hölle zu liefern. Gott liebe von allen Völkern, die er geschaffen habe, nur Israel. Es verstieß gegen das Gesetz, einer heidnischen Frau bei der Geburt eines Kindes zu helfen, weil das ja dazu beitrage, dass ein Heide mehr zur Welt käme. Heiratete ein jüdischer Jüngling ein heidnisches Mädchen oder ein jüdisches Mädchen einen Heiden, wurde bei den Juden ihr Leichenbegräbnis gefeiert, da der Betreffende in ihren Augen tot war. Wer ein heidnisches Haus betrat, galt vor dem Gesetz als unrein. Bevor Christus kam, waren feste Schranken zwischen den Menschen errichtet worden."[34]

Paulus bemühte sich sehr darum, Juden und Nichtjuden in ein und dieselbe Gemeinde zu bringen. Aus unserem geschichtlich weit entfernten Blickwinkel erkennen wir nicht die Größe der Aufgabe, die er erfüllen wollte. Sein Bemühen führte immer wieder zu Auseinandersetzungen in den Gemeinden. In seinem Brief an die Römer sagte er zum Beispiel, dass Gott „allen seine Barmherzigkeit schenken will" – sowohl Juden wie Heiden (Rö 11,32 Hfa). Und in seinem Brief an die Gemeinden in Galatien betonte er: „Ihr alle seid jetzt mündige Söhne und Töchter Gottes – durch den Glauben und weil ihr in engster Gemeinschaft mit Jesus Christus verbunden seid. Denn als ihr in der Taufe Christus übereignet wurdet, habt ihr Christus angezogen wie ein Gewand. Es hat darum auch nichts mehr zu sagen, ob ein Mensch Jude ist oder Nichtjude, ob im Sklavenstand oder frei, ob Mann oder Frau. Durch eure Verbindung mit Jesus Christus seid ihr alle zu einem Menschen geworden. Wenn ihr aber zu Christus gehört, seid ihr auch Abrahams Nachkommen und be-

[34] Barclay, a. a. O., S. 114.

kommt das Erbe, das Gott Abraham versprochen hat." (Gal 3,26-29 GNB)

Ebenso wie in seinen Briefen an die Römer und Galater hält Paulus es in seinem Brief an die Christen in der Provinz Asien. Er verkündet ihnen: Ihr wart *einst* zwar ***ausgeschlossen vom Bürgerrecht Israels und Fremdlinge hinsichtlich der Bündnisse der Verheißung***, nun aber seid ihr eins mit dem Volk Gottes. Kurz gesagt: Bevor Christus kam, waren die Barrieren vorhanden. Nach Christus sind sie verschwunden. Ihre Entfernung ist das Thema des folgenden Abschnittes.

Doch bevor wir uns dem Abschnitt widmen, wollen wir über die *Hoffnung* nachdenken. Paulus sagt: Bevor die Nichtjuden Christus erkannten, hatten sie ***keine Hoffnung und waren ohne Gott in der Welt***. Für den Apostel ist ***Hoffnung*** eine geschichtliche Realität. Der Grundgedanke ist, dass die Geschichte nicht ohne Ziel ist und sich nicht immer wiederholt, sondern auf etwas zustrebt. Die Bibel ist ein Buch der Hoffnung. Nicht alles geschieht so, wie wir es gerne hätten, aber Gottes Kinder müssen sich nicht sorgen, weil Gott einen Plan mit ihnen hat. J. M. Everts erklärt: „Im Alten Testament ist *Hoffnung* eng mit Gottes Charakter verbunden. Wer auf Gott seine Hoffnung setzt, vertraut ihm und seinen Verheißungen ... Paulus versteht die Hoffnung des Christen als eine Erfüllung der Verheißungen Gottes an Israel." Zu ihnen gehörte auch die Zusicherung, dass durch Abrahams Nachkommen alle Völker auf Erden gesegnet werden sollten (siehe 1 Mo 12,1-4; Gal 3,8.9). Das Alte Testament schildert Abraham „als einen Beispiel von jemand, der nie daran zweifelte, dass Gott seine Verheißungen erfüllen würde",[35] auch wenn die äußeren Umstände dagegen sprachen (siehe z. B. 1 Mo 15,1-7; 17,1-27; Rö 4,18-21).

Die Juden hofften natürlich auf das Erscheinen des Messias. Diese Hoffnung ging mit der Geburt Jesu von Nazareth in Erfüllung. Er ist „Gott mit uns" (Mt 1,23), ein Kind, von dem gesagt ist: „Er wird sein Volk retten von seinen Sünden." (V. 21 EB) Und diese Erfüllung

---

[35] Everts in Hawthorne, a. a. O., S. 415.

ist die Grundlage für eine Philosophie der Geschichte „nach Christus". Für Christen ist es mit der Geschichte nicht anders als für das jüdische Volk: Gott steuert sie auf ein Ziel hin! Der Höhepunkt der Hoffnung des Volkes Israel war das erste Kommen Christi. Für uns Christen ist er sein zweites Kommen, ein Ereignis, das Paulus als die „glückselige Hoffnung" bezeichnet (Tit 2,13 EB).

Beim ersten Höhepunkt der Hoffnung hat der Sohn Gottes Menschen (Juden wie Nichtjuden) *errettet* (Eph 2,5.8), die seine *Gnade* annehmen, während er beim zweiten das gesamte Volk Gottes mit allen übrigen treuen Geschöpfen Gottes in der himmlischen Welt vereinen wird. Das Wichtigste, was man über Christen sagen kann, ist vielleicht dies: Sie sind ein Volk mit einer Hoffnung. Und Hoffnung treibt uns voran, auch wenn das Leben schwer wird oder uns übel mitspielt. Wenn dem so ist, müssen wir Paulus' Ermahnung befolgen: ***Denkt daran***, wieviel schlimmer alles ohne Christus – und damit ohne *Hoffnung* – wäre.

8. Die großartige Einheit durch Christus

Epheser 2,13-18

13 Jetzt aber, in Christus Jesus, seid ihr, die ihr einst fern wart, durch das Blut des Christus nahe geworden. 14 Denn er ist unser Friede. Er hat aus beiden eins gemacht und die Zwischenwand der Umzäunung, die Feindschaft, in seinem Fleisch abgebrochen. 15 Er hat das Gesetz der Gebote in Satzungen beseitigt, um die zwei – Frieden stiftend – in sich selbst zu einem neuen Menschen zu schaffen 16 und die beiden in einem Leib mit Gott zu versöhnen durch das Kreuz, durch das er die Feindschaft getötet hat. 17 Und er kam und hat Frieden verkündigt euch, den Fernen, und Frieden den Nahen. 18 Denn durch ihn haben wir beide durch einen Geist den Zugang zum Vater.

Jetzt aber! Dieses Wortpaar hat es genauso in sich wie das *Gott aber* von Vers 4. Beide Male wird ein radikaler Gegensatz zwischen dem

Vorher und dem Nachher angezeigt. Der große Unterschied ist: Das *Gott aber* leitet von der totalen Verlorenheit aller Menschen (siehe V. 1-3) zur Errettung derer über, die Gottes Gnade im Glauben annehmen, während das *Jetzt aber* in Vers 13 von der Entfremdung und Hoffnungslosigkeit der Nichtjuden (siehe V. 11.12) zu ihrer Eingliederung in die eine große Familie Gottes führt. Jedes *aber* jedoch dient Paulus in seiner Darstellung in Epheser 2 zu einem wichtigen Zweck: Es betont den scharfen Kontrast in der Lebensweise vor und nach der Erfahrung der Erlösung durch Christus bei einzelnen Menschen und ganzen Gemeinden.

Beim *Jetzt aber* geht es um die Nichtjuden, ***die einst fern waren,*** nun aber ***durch das Blut des Christus nahe geworden*** sind. Bedeutsamerweise bezieht Paulus sich im obigen Abschnitt dreimal auf die Wirksamkeit und Bedeutung des ***Blutes Christi*** bzw. seines Opfers:

- Jene, die *einst fern waren,* sind *durch das Blut des Christus nahe geworden* (V. 13).
- Christus *hat aus beiden eins gemacht. In seinem Fleisch* hat er *die Zwischenwand der Umzäunung … abgebrochen* (V. 14).
- Er hat *die beiden in einem Leib … durch das Kreuz versöhnt* (V. 16).

Das Kreuz von Golgatha, an dem Jesus Christus für die Sünden jedes einzelnen Menschen starb, bildet den Mittelpunkt in der Theologie des Apostels, denn dort nahm er die Strafe für das übertretene Gesetz auf sich und wurde „zum Fluch für uns" (Gal 3,13 LB). Das ist die Grundlage der Gnade Gottes. Das Opfer Jesu machte nicht allein die Vergebung der Sünden möglich (siehe Hbr 9,22), sondern schuf auch die moralische Grundlage zum Erweis der Gnade allen gegenüber, die sie im Glauben annehmen (siehe Rö 3,24-26). Für Paulus gibt es ohne das stellvertretende Opfer Christi kein Evangelium.

Ein weiterer Schlüsselbegriff in Epheser 2,13-18 ist der viermal erwähnte ***Friede:***

- Christus ***ist unser Friede.*** (V. 14)
- Er ist derjenige, der ***Frieden stiftet.*** (V. 15)
- Er ***hat Frieden verkündigt … den Fernen.*** (V. 17)
- Und er ***verkündigte Frieden … den Nahen.*** (V. 17)

Entscheidend für den Gedankengang des Paulus ist: **Christus *ist* *unser Friede*.** Er versöhnt uns nicht nur mit Gott und bringt den Frieden, sondern er *ist* unser Friede. Sein ganzes Wesen ist *Friede* – ein Gedanke, den Paulus sicher mit dem messianischen Titel von Jesaja 9,6 verbindet, wo das Kommen des „Friede-Fürsten" (LB) angekündigt wird.

Eine der Auswirkungen echten Christentums besteht darin, jedem Christen *Frieden* zu bringen:

- Frieden zwischen dem Einzelnen und Gott,
- Frieden zwischen Gruppen wie Juden und Nichtjuden,
- und Frieden im einzelnen Christen, weil seine Schuld und die drohende Verdammung beseitigt sind (siehe Rö 5,1.8-10).

Bei dieser Betonung des Friedens durch Paulus ist es eine der Tragödien des Christentums, dass in einzelnen Christen und unter christlichen Gruppen oder Kirchen so wenig Frieden herrscht. Vielleicht haben wir noch nicht begriffen und erfahren, was Gott für uns zu unserer Erlösung getan hat und wie dadurch Mauern zwischen Volksgruppen, Gesellschaften und Nationen eingerissen werden. Unsere heutigen Auseinandersetzungen und Diskriminierungen mögen sich weniger auf Juden und Nichtjuden konzentrieren, sind aber genauso zerstörerisch. Was Paulus damals den Christen sagte, haben wir heutzutage ebenso nötig zu hören.

Hat Jesus dir wirklich Frieden gebracht? Hast du die Gewissheit, in Christus erlöst zu sein? Bist du als Gemeindeglied ein „Friedensstifter" (Mt 5,9 EB) oder machst du eher Schwierigkeiten? Denke in Ruhe darüber nach. Schiebe die Fragen nicht einfach beiseite. Sie betreffen den Kern dessen, was es bedeutet, ein Christ zu sein.

Einer der Wege, durch den Christus Frieden gebracht hat, war durch den Abbruch der ***Zwischenwand der Umzäunung*** (Eph 2,14). Manche beziehen das auf die Mauer im Tempel, die den Hof der Nichtjuden von den Höfen der Juden trennte (siehe Kapitel 7). Eine solche Erklärung ist zwar attraktiv, aber „ob nichtjüdische Leser dieses Briefes, die in Kleinasien lebten, eine solche Anspielung erkannten, ist fraglich".[36] Im Zusammenhang mit der folgenden Aussage des Apostels findet sich die beste Erklärungsmöglichkeit für diese

Zwischenwand, denn er verknüpft ihren Abbruch eng damit, dass Christus ***das jüdische Gesetz mit seinen zur Trennung führenden Vorschriften beseitigt*** hat (GNB).

Die Formulierung dieses Ausdrucks (wörtlich: *das Gesetz der Gebote in Satzungen*) hat endlose Diskussionen über seine genaue Bedeutung verursacht. Vielleicht kommt man am besten hinter den von Paulus beabsichtigten Sinn, wenn man andere neutestamentliche Abschnitte untersucht, die davon sprechen, dass das Gesetz Gottes als Schranke zwischen Juden und Nichtjuden fungierte. In Apostelgeschichte 15,1 lesen wir: „Einige kamen herab von Judäa und lehrten" die heidnischen Christen: „Wenn ihr euch nicht beschneiden lasst nach der Ordnung des Mose, könnt ihr nicht selig werden." (LB) Diese christlichen Missionare des Gesetzes richteten mit ihrer Forderung, die Beschneidung und der jüdische Zeremonialkalender müssten von allen Christen eingehalten werden (siehe Gal 6,12; 4,10), viel Schaden in den Gemeinden Galatiens an. Dasselbe Problem trat offenbar in Kolossä auf, wo einige Gläubige andere verurteilten, weil sie die jüdischen Feiertage einhielten, die „ein Schatten[37] des Zukünftigen" waren (Kol 2,16.17 LB), d. h. sie wiesen in alttestamentlichen Zeiten auf das Kommen Christi hin (wie z. B. das Passah, das seine Erfüllung in Christus als dem Passahlamm fand, siehe 1 Mo 12,3-14; 1 Ko 5,7; Rö 14,5.6). Im unmittelbaren Zusammenhang von Epheser 2,15, wo davon die Rede ist, *das Gesetz mit seinen Geboten und Satzungen* sei *abgetan* worden (LB), finden wir in Vers 11 den ausdrücklichen Hinweis dafür, dass solche Themen wie die Beschneidung auch in den Gemeinden der Provinz Asien Probleme verursachten.

Daraus ist zu ersehen, dass die Beschneidung, die jüdischen Feste und andere Aspekte des jüdischen Zeremonialgesetzes tatsächlich die Juden von den Nichtjuden trennten. Also hat Christus ***die Mauer zwischen ihnen niedergerissen***, indem er ***das jüdische [Zere-***

---

36 O'Brien, a. a. O., S. 195.

37 Ganz im Sinne des Sprichwortes „Große Ereignisse werfen ihre Schatten voraus." (Anm. des Lektors)

monial-]Gesetz mit seinen zur Trennung führenden Vorschriften beseitigt hat (V. 14 Hfa.15 GNB).

Francis Foulkes unterstreicht die Logik dieser Schlussfolgerung, wenn er schreibt: „Vieles vom Gesetz (z. B. die Opferbräuche) war eine Vorbereitung und eine Vorausschattung auf Christus und damit durch das erfüllt, was er tat, als er kam." Dagegen „wurden die moralischen Forderungen und Prinzipien des Gesetzes nicht durch Jesus leichter gemacht, sondern voller ausgeprägt und mit tieferer Bedeutung versehen (siehe Mt 5,21-48)".[38]

John Stott vertritt dieselbe Ansicht: Paulus könne nicht von einer Annullierung des Sittengesetzes sprechen, „wenn Jesus selbst in der Bergpredigt ausdrücklich das Gegenteil erklärte, nämlich, dass er nicht gekommen sei, das Gesetz ‚aufzulösen, sondern es zu erfüllen'." (Mt 5,17 LB) Daher „scheint sich Paulus hier in erster Linie ... auf das Zeremonialgesetz zu beziehen ... [Christus] tat es *in seinem Fleisch* ab (sicher ein Hinweis auf seinen Tod), weil er am Kreuz alle Vorbilder und Schatten des alttestamentlichen Zeremonialsystems erfüllt hat."[39]

Mit seiner Aussage, Christus habe *die Zwischenwand der Umzäunung ... abgebrochen* (Eph 2,14), erklärt Paulus, dass Jesus mindestens zwei weitere Ziele erreicht hat. Erstens machte er es möglich, eine neue Menschheit aus Juden und Nichtjuden zu bilden oder, wie Paulus es ausdrückt, ***die zwei ... zu einem neuen Menschen zu schaffen*** (V. 15). Diese neue kollektive Menschheit beschreibt er in den Versen 19 bis 22 näher als die Gemeinde Gottes. Mehr darüber im nächsten Kapitel.

Zweitens wurde es durch Christus möglich, ***die beiden ... zu versöhnen*** (V. 16), ein weiterer Begriff im Sinne von *Frieden*. *Versöhnung* ist ein Familienbegriff. Die Sündenrebellion hat die Einheit zwischen Gott und Menschen und zwischen den Menschen untereinander zerstört. Wenn die Beziehungen zwischen Gott und Menschen und zwischen den Menschen untereinander geheilt werden,

---

[38] Francis Foulkes: *The Letter of Paul to the Ephesians,* S. 91.
[39] Stott, a. a. O., S. 99f.

wird der Familie Gottes durch die Versöhnung Frieden zuteil. Diesen ***Frieden hat*** Christus ***im Evangelium*** denen ***verkündigt, die fern waren, und … denen, die nahe waren*** (V. 17 LB). Die Folgen davon behandelt Paulus ab Vers 19.

Er schreibt hier begeistert darüber, was Gott in Christus getan hat. Der Herr erlöst nicht nur alle auf derselben Grundlage (seiner Gnade), sondern dieser für alle gleiche Zugang zum Heil bewirkt auch eine tiefgründige Gleichheit aller Christen, die alle Barrieren niederreißt und alle Gedanken an Überlegenheit vertreibt. Sie bildet die Grundlage für die Einheit aller Kinder Gottes in seiner universalen Gemeinde. Und darin liegt auch das tief greifende *Geheimnis* (siehe Eph 3,3-6), das Paulus begriffen hat und so begeistert nicht nur den damaligen Empfängern seines Briefes mitteilt, sondern auch allen heutigen Lesern.

9. Vereint in der Gemeinde Gottes

Epheser 2,19-22

19 So seid ihr nun nicht mehr Fremde und Nichtbürger, sondern ihr seid Mitbürger der Heiligen und Gottes Hausgenossen. 20 (Ihr seid) aufgebaut auf der Grundlage der Apostel und Propheten, wobei Christus Jesus selbst Eckstein ist. 21 In ihm zusammengefügt, wächst der ganze Bau zu einem heiligen Tempel im Herrn, 22 und in ihm werdet auch ihr mitaufgebaut zu einer Behausung Gottes im Geist.

So seid ihr nun … Mit diesen Worten verbindet Paulus seine Ausführungen in den vorigen Versen über die eine neue Menschheit und den Frieden durch das Kreuz Christi mit diesem Abschnitt. Was folgt daraus, dass Jesus durch seine Erlösung Juden und Nichtjuden zusammengeführt hat?

Bis Vers 18 geht es Paulus um den Einigungsprozess, aber nun um die Sache selbst. Er schildert sie in drei Momentaufnahmen einer rassisch radikal[40] vereinten Christengemeinde.

Die erste ist aus einer politischen Sicht gesehen: Die Heidenchristen sind ***nicht mehr Fremde und Nichtbürger, sondern ... Mitbürger der Heiligen***. Mit letzterem sind hier die jüdischen Christen gemeint. Zur Zeit des Alten Testamentes hatte Gott Israel als ein „heiliges Volk" ausgesondert (2 Mo 19,6). Somit waren die Israeliten die *Heiligen* Gottes, die zu einem heiligen Leben bestimmt waren (siehe 3 Mo 19,2). Wie Paulus bereits erwähnt hat, gehörten die Nichtjuden nicht zu dieser begrenzten Gruppe. Als Außenseiter waren sie *ausgeschlossen vom Bürgerrecht Israels und Fremdlinge hinsichtlich der Bündnisse der Verheißung* (V. 12).

Aber das hat sich alles durch das Erlösungswerk Christi geändert. Nun sind sie wie die Juden *politeia* oder *Bürger*. Sie gehören zum Königreich Gottes und der Herr selbst ist ihr Herrscher. Dadurch hat sich ihre Stellung radikal verändert. Aus ihrer neuen Perspektive dürfen die nichtjüdischen Gläubigen ausrufen: „Wir leben nicht mehr mit einem Reisepass [sondern] haben tatsächlich unsere Geburtsurkunde ... Wir gehören wirklich dazu."[41]

Mit dieser Lehre macht Paulus deutlich, dass Christen ein Volk sind, das sich von allen anderen unterscheidet. Dieser Gedanke wurde schon früh von einigen christlichen Verfassern aufgegriffen. Im Brief an Diognetus (ca. 200 geschrieben) werden die Christen als eine „neue Menschenrasse" bezeichnet (Kap. 1) und Clemens von Alexandrien (ca. 155 – ca. 220) unterschied die an Christus Gläubigen dadurch von den Juden und Griechen, indem er sie „das eine Volk der Erlösten" nannte.[42] Die Einigkeit dieses Volkes beruht auf der Tatsache, dass eine gemeinsame Bündnistreue gegenüber einem neuen Herrn, die sich auch auf seine Autorität sowie die Gesetze und den Sittenkodex seines Reiches bezieht, die Christen miteinander verbindet.

Ihr neues Bürgertum bringt natürlich gewisse Privilegien mit sich. Zu ihnen gehört:

---

[40] Im Sinne der lateinischen Bedeutung des Wortes „von der Wurzel her". (Anm. des Lektors)
[41] D. Martyn Lloyd-Jones: *God's Way of Reconciliation. An Exposition of Ephesians 2*, S. 302.
[42] Clemens Alexandrinus, *Stromata*, Bd. VI.5.

- das Recht auf Zugang zum König (siehe Eph 2,18; 3,12; Hbr 4,16);
- der Zugang zu den Schätzen des Reiches (siehe Jo 16,23b);
- der Schutz vor den Feinden des Königs (siehe Eph 1,20-22) und
- die endgültige Hoffnung auf den Sieg des Königs in seinem Kampf gegen die *Weltbeherrscher dieser Finsternis* (Eph 6,12).

Wie wir sehen, ist es kein geringes Vorrecht, Bürger des Reiches Gottes zu sein. Die Rechte und Privilegien bringen aber auch eine Verantwortung mit sich. Darauf geht Paulus ab Kapitel 4 ein.

Die zweite Momentaufnahme von Epheser 2,19 stellt die Gemeinde als ***Gottes Hausgenossen*** bzw. die ***Familie Gottes*** dar (Hfa). Dies ist nicht der einzige Begriff aus einem familiären Kontext im Epheserbrief. In Kap. 1,4.5 schrieb Paulus bereits: *In seiner Liebe hat er uns dazu vorherbestimmt, seine Kinder zu sein durch Jesus Christus.* (LB) Und in Kap. 4,6 spricht er von Gott als dem *Vater aller*.

Die gute Nachricht für die Nichtjuden war, dass sie nun zur universellen Familie Gottes gehörten. Darüber durften sie sich freuen. Der Apostel Johannes schreibt: „Seht, welch eine Liebe hat uns der Vater erwiesen, dass wir Gottes Kinder heißen sollen." (1 Jo 3,1 LB)

Nichtjuden konnten sich zwar freuen, weil Gott nun in einer neuen und besonderen Weise ihr Vater war, aber der Zusammenhang von Epheser 2,19 macht deutlich, dass es Paulus darum ging, die Bruder- und Schwesternschaft unter allen Christen hervorzuheben. Die frühen Christen verstanden sich als Brüder und Schwestern und so begrüßten sie sich auch. Man kann diese Anreden leicht benutzen, ohne dass einem ihre volle Bedeutung bewusst ist. Diese Bezeichnungen weisen nicht nur vertikal auf denselben Vater hin, sondern vereinen die Gläubigen auch horizontal in Zuneigung miteinander. Zumindest ist es im Idealfall so.

Einigen Christen und Gemeinden fällt es jedoch schwer, dies zu praktizieren. Sie alle müssen ernsthaft darüber nachdenken, wie (oder ob) sie zu einem Teil der Familie Gottes wurden und was das für den Gemeindealltag bedeutet. Wenn wir Gottes Liebe, sein Opfer für uns und seine Gnade an uns erkennen und annehmen, wird dies uns antreiben, uns in der Gesinnung Christi unseren Geschwistern zuzuwenden und sie zu lieben (siehe 1 Jo 4,7-21). Vielleicht ist die Darstellung des Paulus von der Familie Gottes ein Ideal, aber eines, das echte Christen in ihrem persönlichen Leben und im Gemeindeleben ausleben sollen und können.

Der dritten Momentaufnahme der Gemeinde widmet Paulus die meiste Aufmerksamkeit. In Epheser 2,20-22 spricht er von ihr als einem ***Tempel***. Der Tempel in Jerusalem war seit Salomos Zeiten für die Israeliten der Mittelpunkt ihrer Identität und ihres Gottesdienstes gewesen (außer in der Zeit der Zerstörung während der babylonischen Gefangenschaft). Die Juden hielten sich für Gottes Volk, weil sie Gottes Tempel hatten. Aber als Jesus starb, zerriss der Vorhang im Tempel auf übernatürliche Weise in zwei Teile (siehe Mt 27,51). So zeigte Gott, dass der Tempel in Jerusalem nicht länger seine Wohnstätte war.

Wenn wir der Logik von Epheser 2 folgen, brauchte er einen neuen Tempel, um unter den Seinen wohnen zu können, nachdem er sich ein neues Volk geschaffen hatte (siehe V. 15). Dieser neue *Tempel* war seine Gemeinde, die aus Juden und Nichtjuden bestand. Davon schrieb Paulus auch in 1. Korinther 3,16, wo er die Gemeinde als „Tempel Gottes" bezeichnet, in dem „der Geist Gottes wohnt".

Der Apostel macht einige spezielle Aussagen über die Gemeinde als Gottes *Tempel*. Zuerst spricht er über sein Fundament und erklärt: ***Ihr seid aufgebaut auf der Grundlage der Apostel und Propheten***. Das *Fundament* (Eph 2,20 GNB) ist, wie jeder Bauunternehmer weiß, das Wichtigste an einem soliden Gebäude. Auch Jesus hat darauf hingewiesen, als er über das Bauen auf Sand im Gegensatz zum Bauen auf Fels sprach (siehe Mt 7,24-27).

Paulus erklärt: Das Fundament der Gemeinde Gottes sind die ***Apostel und Propheten***. Die naheliegende Auslegung dieser Formulierung ist, die *Propheten* als die Verfasser des Alten und die *Apostel* als die Verfasser des Neuen Testaments zu sehen. Eine Gemeinde hat ein festes Fundament, wenn sich ihre Lehren solide auf der Bibel gründen.

Der zweite Aspekt der Gemeinde als Gottes Tempel im Epheserbrief ist die Funktion ***Jesu Christi als Eckstein***. Der wichtigste Teil an der Konstruktion eines Fundamentes war sein Eckstein, „weil jede Linie des Gebäudes von diesem Grundstein her berechnet werden musste", argumentiert C. Leslie Mitton. „Nur wenn er gut und richtig gelegt war, konnten weitere Bausteine hinzukommen und an ihren eigenen Platz gesetzt werden, indem man sich am Eckstein ausrichtete. Der erste Stein an der Ecke, an dem alle anderen ausgerichtet werden, ist der Eckstein des Fundamentes; er ist für das Fundament ebenso wichtig wie das Fundament für den gesamten Bau."[43]

In 1. Korinther 3,11 bezeichnet Paulus Christus als das Fundament, aber hier will der Apostel die Tatsache hervorheben, dass er die Gemeinde zusammenhält. „Wenn die Gemeinde nicht ständig und fest mit Christus verbunden ist, wird ihre Einheit zerfallen und ihr Wachstum entweder stagnieren oder verwildern", erinnert uns John Stott.[44]

Der dritte Bestandteil an der Gemeinde als Tempel Gottes sind die einzelnen Christen, die ***mitauferbaut werden zu einer Behausung Gottes im Geist***. Es versteht sich von selbst, dass sie nur dann richtig in den Bau eingefügt werden können, wenn das Fundament und der Eckstein an der richtigen Stelle stehen. Jede andere Bauweise würde zu einer Katastrophe führen. Das trifft auch auf die Geschichte der Christenheit zu. Die Kirchengeschichte ist übersät von Zusammenbrüchen religiöser Gruppen, die sich von den zentralen Lehren der Bibel oder von einem ausgewogenen Verständnis der Erlösung Christi und der Bedeutung seines Lebens und Sterbens entfernt haben.

Es ist wichtig festzuhalten, dass die Gemeinde ein dynamischer Bau ist: Sie ***wächst … zu einem heiligen Tempel im Herrn***, und ihre Glieder *werden mitauferbaut zu einer Behausung im Geist*. Die Gegenwartsform der Verben verweist auf eine „stetige Entwicklung … Der Bau ist zwar fertig gebaut, er wächst aber durch das Einfügen weiterer einzelner Steine weiter."[45]

---

[43] C. Leslie Mitton: *Ephesians*, S. 114.
[44] Stott, a. a. O., S. 108.

Das Wort, das Paulus in Vers 21 für den ***Tempel*** benutzt, birgt eine wichtige Erkenntnis. Es ist nicht *hieron*, das sich auf den gesamten Tempelkomplex mit seinen Höfen, Portalen und Vorhallen bezieht, sondern *naos*, ein Begriff, der den eigentlichen Tempel bezeichnet und sich auf seine beiden Abteilungen, das Heilige und Allerheiligste, beschränkt.[46] Im *naos* begegnete Gott den Priestern; dort manifestierte sich in der Schekina seine Herrlichkeit. Gemeinde ist dort, wo Gott seinem Volk begegnet. Oder wie Francis Foulkes betont: „Nun sucht Gott zu seiner *Behausung* das Leben von Männern und Frauen, die ihm erlauben, durch seinen Geist bei ihnen einzukehren."[47] Aber im Zusammenhang mit dem Epheserbrief ist diese Behausung nicht individuell, sondern korporativ gedacht, weil sich die verschiedenen Steine, die Familienmitglieder von unterschiedlicher Herkunft, harmonisch vereinen, um ihre gemeinsame Erlösung durch die Gnade Gottes in Christus zu feiern.

10. Paulus als Verkündiger des Geheimnisses Christi

Epheser 3,1-13

1 Deswegen (bin) ich, Paulus, der Gefangene Christi Jesu für euch, die Nationen – 2 ihr habt doch wohl von der Verwaltung der Gnade Gottes gehört, die mir im Hinblick auf euch gegeben ist. 3 Denn mir ist durch Offenbarung das Geheimnis zu erkennen gegeben worden – wie ich es oben kurz geschrieben habe; 4 beim Lesen könnt ihr meine Einsicht in das Geheimnis des Christus merken –, 5 das in anderen Geschlechtern den Söhnen der Menschen nicht zu erkennen gegeben wurde, wie es jetzt seinen heiligen Aposteln und Propheten durch den Geist geoffenbart worden ist: 6 Die Nationen sollen nämlich Miterben und Miteinverleibte sein und Mitteilhaber der Verheißung in Christus Jesus durch das Evan-

[45] Cleon L. Rogers Jr. und Cleon L. Rogers III.: *The New Linguistic and Exegetical Key to the Greek New Testament*, S. 438.

[46] Siehe Richard Chenevix Trench: *Synonyms of the New Testament*, S. 27f.

[47] Foulkes, a. a. O., S. 96.

gelium, 7 dessen Diener ich geworden bin nach der Gabe der Gnade Gottes, die mir nach der Wirksamkeit seiner Kraft gegeben ist. 8 Mir, dem allergeringsten von allen Heiligen, ist diese Gnade gegeben worden, den Nationen den unausforschlichen Reichtum des Christus zu verkündigen 9 und ans Licht zu bringen, was die Verwaltung des Geheimnisses sei, das von den Zeitaltern her in Gott, der alle Dinge geschaffen hat, verborgen war; 10 damit jetzt den Gewalten und Mächten in der Himmelswelt durch die Gemeinde die mannigfaltige Weisheit Gottes zu erkennen gegeben werde, 11 nach dem ewigen Vorsatz, den er verwirklicht hat in Christus Jesus, unserem Herrn. 12 In ihm haben wir Freimütigkeit und Zugang in Zuversicht durch den Glauben an ihn. 13 Deshalb bitte ich, nicht mutlos zu werden durch meine Bedrängnisse für euch, die eure Ehre sind.

Ein Blick auf den Beginn der beiden Hauptabschnitte des 3. Kapitels zeigt: Sowohl Vers 1 als auch Vers 14 beginnen mit ***deswegen*** (so beide Male wörtlich). Zudem fällt auf, dass der Satz im ersten Vers unvollständig ist. G. G. Findlay erklärt: „Die Verse 2 bis 13 sind der Form nach ein Einschub. Sie unterbrechen die Fürbitte, die im ersten Vers beginnt und erst in Vers 14 fortgesetzt wird. Die dazwischen liegenden Aussagen sind eingeschoben, jedoch mehr dem Anschein nach als in Wirklichkeit. Sie sind inhaltlich so gewichtig und für den Gedankengang und die Struktur des Briefes so wesentlich, dass man sie unmöglich als Nebenbemerkung abtun kann."[48]
Paulus fing also mit einer Fürbitte für die Empfänger des Briefes an und wurde dann durch einen anderen Gedanken abgelenkt, den er seinen Lesern mitteilen wollte – wahrscheinlich durch seine eigenen Worte, mit denen er sich als *der Gefangene Christi Jesu für euch, die Nationen* vorstellte. Dadurch kam er auf zwei Anliegen seines Hauptthemas von der Eingliederung der Juden und Nichtjuden in den *einen Leib* (Kap. 2,16), die er in den ersten beiden Kapiteln noch nicht angesprochen hat, nämlich:

[48] G. G. Findlay: *The Epistle to the Ephesians*, S. 155.

1. Was das genaue Wesen des *Geheimnisses Christi* ist (Kap. 3,4 LB) und welchen Platz Juden und Nichtjuden darin haben.
2. Seine eigene Rolle in der Verkündigung dieses *Geheimnisses*.

Paulus Selbstbezeichnung als ***der Gefangene Christi Jesu*** erscheint merkwürdig, denn jedem aufmerksamen Leser des Neuen Testamentes dürfte klar sein, dass Paulus eher ein Gefangener Neros als ein Gefangener Jesu war. Schließlich „war er tatsächlich des Kaisers Gefangener". Dennoch „bezeichnete er sich selbst nie so".[49]

Was meinte Paulus also? Tatsache ist, dass er sich auf den Kaiser berufen hatte und darum bewacht nach Rom zur Gerichtsverhandlung gebracht wurde (siehe Apg 25,11.12; 27,1). Doch die eigentliche Ursache seiner Festnahme war die Bestürzung einiger Juden aus der Provinz Asien gewesen, die ihn im Tempelbezirk in Jerusalem mit einigen Männern gesehen hatten und meinten, er führe Heiden in diese heilige Stätte. Durch ihr Geschrei entstand ein Volksauflauf, der zu seiner Verhaftung führte (siehe Apg 21,18-34). Der eigentliche Anlass dafür war also, dass Paulus die Nichtjuden, die Christus angenommen hatten, durch die Taufe in die christliche Gemeinde aufnahm (die damals noch als jüdische Sekte angesehen wurde, siehe Apg 24,5), ohne dass sie sich beschneiden lassen und die jüdischen zeremoniellen Ordnungen einhalten mussten.

So traf beides zu: Paulus war ein Gefangener des Kaisers und Christi. Aber er bezeichnete sich stets als *ein Gefangener Jesu Christi,* weil ihn die Verkündigung des Evangeliums der Erlösung allein aus Gnaden den Konflikt mit den staatlichen Autoritäten gebracht hatte.

William Barclay weist noch auf etwas hin, was wir dieser Formulierung des Paulus entnehmen können: „Wer um einer guten Sache willen leiden muss, kann sich entweder als unglückliches, missbrauchtes Opfer selbst bemitleiden oder aber sich als Vorkämpfer einer guten Sache betrachten. Während der eine seine Haft ... als Strafe empfindet, wird der andere darin ein Vorrecht sehen. Wenn wir um unserer christlichen Überzeugung willen Bedrängnis, Unbe-

[49] Ray C. Stedman: *Expository Studies in Ephesians 1-3. Riches in Christ,* S. 177.

liebtheit und materiellen Schaden in Kauf nehmen müssen, können wir uns entweder als Opfer der Menschen oder aber als Kämpfer für Christus betrachten. Paulus sollte unser Vorbild sein. Er betrachtete sich nicht als Gefangener Neros, sondern als Gefangener Christi."[50]

Thematisch geht es im obigen Abschnitt vor allem um den Begriff ***Geheimnis.*** Er taucht in den Versen 3, 4 und 9 auf. Paulus gebrauchte ihn bereits in Kap. 1,9, wo er schrieb: *Gott hat uns ja das Geheimnis seines Willens zu erkennen gegeben.*

Bei dieser Betonung des *Geheimnisses* müssen wir uns fragen, worauf es sich bezieht. Das deutsche Wort führt uns in die Irre, denn der griechische Begriff *mystērion* meint nicht etwas Geheimnisvolles, das schwer zu verstehen ist, sondern bezeichnet etwas, das die Eingeweihten (z. B. die Angehörigen eines Mysterienkultes) sehr wohl verstehen, weil es ihnen gesagt wurde. In diesem Sinne meint das Wort *mystērion* in den Briefen des Paulus etwas, das lange verborgen war, nun aber „Gott denen bekannt machen will, die bereit sind, seine Offenbarungen anzunehmen".[51] Es ist ein *Geheimnis,* das Gott kundgetan hat, damit alle es verstehen.

Nun können wir besser die Aussagen im obigen Abschnitt des Epheserbriefes über das so bedeutungsvolle *Geheimnis* verstehen. In Vers 3 sagt Paulus, dass es ihm ***durch Offenbarung … gegeben worden ist***. Er hat es also nicht durch sein Studium des Alten Testamentes kennen gelernt. Vielmehr erleuchtete der Heilige Geist seinen Verstand und offenbarte ihm das Wesen dieses *Geheimnisses.* Dazu passt die Aussage in Vers 5 (GNB): ***Frühere Generationen kannten dieses Geheimnis noch nicht.*** Vers 9 bekräftigt dies, denn ***es war von Ewigkeit her*** (LB) ***in Gott … verborgen.*** Doch er hat es schließlich ***seinen heiligen Aposteln und Propheten durch den Geist geoffenbart***. Und daher war Paulus von Gott beauftragt, *das Geheimnis des Evangeliums bekanntzumachen* (Kap. 6,19).

All das erklärt jedoch den Inhalt des *mystērions* noch nicht. Das tut Paulus in Kap. 3,6: ***Durch Jesus Christus bekommen die nicht-***

---

50 Barclay, a. a. O., S. 127f.
51 Siegfried H. Horn (Hg.): *Seventh-day Adventist Bible Dictionary,* S. 747.

jüdischen Völker Anteil am Heil, sind ein Teil am Leib von Christus, sind mit einbezogen in die Zusagen Gottes für sein Volk. (GNB) Harold Hoehner erklärt dazu: „Nach dem Epheserbrief besteht das heilige Geheimnis Gottes darin, dass gläubige Juden und Nichtjuden in einem Leib vereint sind. Im Alten Testament konnten Nichtjuden zu Gottes Volk zählen, aber sie mussten Juden werden, um dazuzugehören. Im Neuen Testament werden Nichtjuden nicht [erst] zu Juden ... sondern Juden und Nichtjuden werden eine neue Einheit, nämlich Christen (siehe Eph 2,15.16). Das ist das Geheimnis."[52]

Mit dieser Erklärung ist leicht einzusehen, wieso das *Geheimnis des Evangeliums* ein Herzstück des Epheserbriefes ist. Paulus erwähnt es in der Einführung und im Schlussteil des Buches, lobpreist Gott in Kapitel 1 dafür, prägt dessen Bedeutung den Empfängern in Kapitel 2 und 3 ein und wendet sie in der zweiten Hälfte des Buches auf sie an.

Die Offenbarung des Geheimnisses machte Paulus zu einem *Gesandten* oder *Botschafter* des Evangeliums (Kap. 6,19.20 GNB). Markus Barth erklärt: „Durch Offenbarung öffnet und gibt Gott sich selbst einem Menschen, unterwirft sich aber nicht dessen intellektueller oder fachlicher Kontrolle. Eine Offenbarung schafft eher Staunen, Ehrfurcht und Respekt, als diese zu zerstören."[53] Paulus kam nie über die Ehrfurcht und das Staunen darüber hinweg, was Gott durch Christus für Juden und Nichtjuden getan hat. Jene Offenbarung machte aus einem jüdischen Verfolger von Christen (siehe Apg 9,1-5) den *Apostel Christi* für Juden und Nichtjuden (Eph 1,1; vgl. Apg 13,46-48). Sie veranlasste ihn, seine Gedanken über das *Geheimnis des Evangeliums* in Superlativen auszudrü cken. Das tat er vor allem im Epheserbrief, nicht nur in dem Lobpreis von Kapitel 1, sondern auch hier in Kapitel 3,8, wo er ***von dem unergründlichen Reichtum ... der uns durch Christus geschenkt wird,*** spricht (GNB).

[52] Hoehner, a. a. O., S. 433f.
[53] Barth, a. a. O., S. 341.

Paulus widmete die meiste Zeit seines Dienstes der Aufgabe, Juden und Nichtjuden in dieselbe Gemeinschaft des Glaubens zusammenzubringen. Dabei motivierte ihn u. a., dass wir durch Christus ***Freimut und Zugang haben in aller Zuversicht durch den Glauben an ihn*** (V. 12 LB). Das ist in der Tat eine gute Nachricht. Und wie Paulus müssen wir daraus die Motivation schöpfen, um anderen Menschen mitzuteilen, was Gott in Christus für uns alle getan hat.

11. Ein weiteres Gebet für die Christen

Epheser 3,14-21

14 Deshalb beuge ich meine Knie vor dem Vater, 15 von dem jede Vaterschaft in den Himmeln und auf Erden benannt wird: 16 er gebe euch nach dem Reichtum seiner Herrlichkeit, mit Kraft gestärkt zu werden durch seinen Geist an dem inneren Menschen; 17 dass der Christus durch den Glauben in euren Herzen wohne und ihr in Liebe gewurzelt und gegründet seid, 18 damit ihr imstande seid, mit allen Heiligen völlig zu erfassen, was die Breite und Länge und Höhe und Tiefe ist, 19 und zu erkennen die die Erkenntnis übersteigende Liebe des Christus, damit ihr erfüllt werdet zur ganzen Fülle Gottes. 20 Dem aber, der über alles hinaus zu tun vermag, über die Maßen mehr, als wir erbitten oder erdenken, gemäß der Kraft, die in uns wirkt, 21 ihm sei die Herrlichkeit in der Gemeinde und in Christus Jesus auf alle Geschlechter hin von Ewigkeit zu Ewigkeit! Amen.

Worum und wofür wir beten, zeigt, wer wir sind. Unsere Gebete sind ein Spiegelbild dessen, was uns am Herzen liegt, was wir wünschen und wonach wir streben. Was Paulus im Epheserbrief am Herzen liegt, ist eindeutig: Er hat den überwältigenden Wunsch für die Christen in der Provinz Asien, noch mehr das Wirken des Heiligen Geistes zu erfahren und ein noch tieferes Verständnis für die Erlösung und Liebe Christi zu gewinnen.

In Epheser 3,14 wechselt Paulus vom Belehren der Christen wieder zur Fürbitte für sie über. Er hat es bereits in Kap. 1,15-23 getan und sie auch dort mit dem Wort ***deshalb*** eingeleitet.

Paulus erwähnt extra, dass er ***seine Knie vor dem Vater beugt***. Markus Barth nennt das eine „ungewöhnliche Gebetshaltung“,[54] denn in Israel war es nicht üblich, sich zum Gebet niederzuknien. Die Juden standen gewöhnlich. Deshalb leitete Jesus eine seiner Ermahnungen mit „Wenn ihr steht und betet ...“ ein und wies damit auf die gewohnte Gebetshaltung hin (Mk 11,25). Auch in der Geschichte vom Pharisäer und Zöllner standen beide beim Beten (siehe Lk 18,11.13). Aber das Neue Testament berichtet auch von Gelegenheiten, wo Menschen beim Gebet knieten, z. B. Jesus in Gethsemane und Stephanus, als er gesteinigt wurde (siehe Lk 22,41; Apg 7,60). Leon Morris schließt daraus: „Jedes Mal, wenn in der Bibel vom Knien beim Beten die Rede ist, geht es um eine ernste Angelegenheit.“[55] Das traf anscheinend auch auf Paulus zu, als er anhaltend für die Christen betete. Er nutzte dazu seinen *Zugang zum Vater* (Kap. 2,18; vgl. 3,12).

Worte wie *Erkenntnis, Weisheit, wissen* und *erfassen* verbinden beide Fürbitten des Apostels miteinander. Paulus weiß: Die Empfänger des Briefes sind bereits in Christus, sie haben angefangen, das *Geheimnis Christi* über das, was er für sie getan hat und tut, zu begreifen. Aber sie können ihr Verständnis vertiefen und ihre christliche Erfahrung erweitern, während sie als eine vereinte Gemeinde geistlich aufgebaut werden und in Einigkeit weiter in die Familie Gottes hineinwachsen.

Das Gebet selbst enthält fünf Bitten für die Gläubigen. Zuerst bittet Paulus, sie mögen ***mit Kraft gestärkt werden durch seinen Geist am inneren Menschen*** (V. 16). Er wünscht seinen Lesern die Gabe aller Gaben, den Heiligen Geist, denn er „zieht alle anderen Segnungen nach sich“.[56] Er allein gibt Menschen das Verlangen und die

---

[54] Barth, a. a. O., S. 367.
[55] Leon Morris: *Expository Reflections on the Letter to the Ephesians*, S. 101.
[56] Ellen G. White: *Das Leben Jesu* bzw. *Der Eine – Jesus Christus* (1995f.), S. 671.

Fähigkeit, Sünden aufzugeben und zu überwinden und wirkt die Frucht der Liebe (siehe Gal 5,22.23).

In seiner Fürbitte betont Paulus die Kraftwirkung des Geistes, indem er bittet, die Gläubigen mögen *mit Kraft gestärkt werden*. Für ***Kraft*** steht der griechische Begriff *dynamis*, von dem sich unser Wort „Dynamit“ ableitet. Wir kennen die gewaltige Kraft von Dynamit. Auch der Heilige Geist wirkt machtvoll, aber sehr gezielt, sodass es zu einschneidenden Veränderungen im Leben der Christen kommt. Paulus betet deshalb nicht lediglich darum, dass sie *gestärkt* werden, sondern Gott sie ***durch seinen Geist innerlich stark macht*** (V. 16 GNB). Dasselbe würde er auch für uns erbitten. Er möchte, dass wir täglich das Wirken des Heiligen Geistes erfahren.

Die zweite Bitte stellt eine Parallele zur ersten dar: ***Christus*** möge ***durch den Glauben in euren Herzen wohnen*** (V. 17 LB). Der Heilige Geist ist der Stellvertreter Jesu (siehe Jo 14,26; 15,26; 16,12.13). Paulus neigt dazu, wechselweise vom Innewohnen Christi und dem des Geistes zu sprechen, da in der Realität das Eine nicht ohne das Andere möglich ist. Wenn er im vorigen Vers vom *inneren Menschen* und hier von den *Herzen* der Christen spricht, meint er den Teil von uns, mit dem wir Entscheidungen für oder gegen Gott und seine Grundsätze treffen. Wenn Christus in unseren *Herzen wohnt* und wir ***fest in seiner Liebe wurzeln und auf sie gegründet*** sind (V. 17 GNB), wird der Geist wirken, um uns zu befähigen, ein Leben der selbstlosen Agape-Liebe zu führen.

Mit der dritten Bitte wünscht Paulus den Christen, erfassen zu können, was ***die Breite und Länge und Höhe und Tiefe*** (V. 18) der Gabe Gottes ist und wie sie sich auf das Geheimnis der Erlösung auswirkt. Hier kommt erneut ein wichtiges Anliegen des Paulus in seinem Brief zum Ausdruck: die Christen sollen die Größe dessen begreifen, was Gott in Christus für sie bereits getan hat und weiterhin für sie tut.

Die vierte Bitte ist eng mit der dritten verknüpft: Sie mögen ***die Liebe erkennen, die Christus zu uns hat und die alle Erkenntnis übersteigt*** (V. 19 GNB). „Diese Bitte ist bemerkenswert, denn obwohl der Apostel in den Kapiteln 1 bis 3 schon mehrfach erwähnt hat, dass sie als Gläubige in Christus sind, nimmt er an, sie würden die Liebe Jesu noch nicht genug zu schätzen wissen", meint Peter O'Brien. „Gottes allmächtige Kraft ist nötig, um ihre Dimensionen zu erfassen; daher bittet er um *Kraft* (V. 16), damit sie verstehen können, wie ungeheuer groß sie ist".[57] Doch diese Erkenntnis soll kein bloßes intellektuelles Erfassen sein, sondern ein persönliches, erfahrungsmäßiges Erkennen. Aber dennoch *übersteigt* die Erkenntnis der Liebe Christi *alle Erkenntnis*. Mit anderen Worten: Das Thema ist so unendlich in seiner Dimension, dass wir es nie ganz erfassen werden. Es wird durch endlose Zeiten von den Erlösten erforscht werden, doch selbst dann werden sie nie ihre Tiefen ausloten.

Zuletzt bittet Paulus darum, dass die Gemeindeglieder ***immer umfassender Anteil bekommen an der ganzen Fülle des Lebens mit Gott*** (V. 19 GNB). Mit dieser Bitte steckt Paulus den Rahmen für die zweite Hälfte seines Briefes ab, in der es um das Leben der Christen geht. Ein solches Leben kann nur jemand führen, der mit *göttlicher Liebe* und Kraft *erfüllt* ist (Hfa).

Nach seiner Fürbitte bricht Paulus in den Versen 20 und 21 erneut in einen Lobpreis aus, in den er einflechtet, dass Gott Gebete erhören kann. John Stott beschreibt diese überragende Fähigkeit in sieben Stufen:

1. ***„Gott kann … tun*** (V. 20 GNB) oder *wirken* (poiēsai), denn er ist weder untätig noch inaktiv oder tot.
2. *Gott kann tun,* was ***wir von ihm erbitten*** (GNB), denn er hört und erhört Gebete.
3. *Gott kann tun,* was *wir erbitten* ***oder erdenken,*** denn er kann unsere Gedanken lesen; und er *kann tun,* was wir ***uns nur vorstellen können*** (Hfa), aber nicht zu erbitten wagen und es deshalb auch nicht tun.
4. *Gott kann* ***alles*** *tun* (LB), was wir *erbitten oder erdenken,* denn er weiß alles und kann alles vollbringen.
5. *Gott vermag* ***über alles hinaus*** (*hyper*) etwas *zu tun,* was wir *erbitten,* denn seine Erwartungen sind höher als die unseren.

[57] O'Brien, a. a. O., S. 264.

6. *Gott kann … **viel mehr*** (experissos) … *tun, als wir jemals von ihm erbitten oder uns auch nur vorstellen könnnen* (Hfa), denn er gewährt seine Gnade nicht nach einem berechnetem Maß.
7. *Gott vermag **über die Maßen mehr** zu tun als* alles, was *wir erbitten oder erdenken,* denn er ist ein Gott der Super-Fülle … Es gibt keine Grenzen für das, was Gott tun kann."[58]

Welch ein Gott! Paulus ist begeistert von ihm. „Seine Seele und sein Herz sprudelt über bei dem Verlangen, den Gott zu preisen, zu verherrlichen, der den Menschen solches ermöglicht hat, und ihm zu danken."[59] Auch wir werden von ganzem Herzen in den Jubel einstimmen, wenn wir die Größe dessen anfangen zu begreifen, was Gott für jeden von uns in Christus getan hat. ***Deshalb wollen wir ihn mit der ganzen Gemeinde durch Jesus Christus ewig und für alle Zeiten loben und preisen.*** (V. 21 Hfa)

---

[58] Stott, a. a. O., S. 139f.
[59] D. Martin Lloyd-Jones: *The Unsearchable Riches of Christ. An Exposition of Ephesians 3,* S. 303.

Teil III

Praktische Ermahnungen an die Christen
(Epheser 4,1 bis 6,20)

12. Das Geheimnis Christi in Einheit ausleben

Epheser 4,1-6

1 Ich ermahne euch nun, ich, der Gefangene im Herrn: Wandelt würdig der Berufung, mit der ihr berufen worden seid, 2 mit aller Demut und Sanftmut, mit Langmut, einander in Liebe ertragend! 3 Befleißigt euch, die Einheit des Geistes zu bewahren durch das Band des Friedens: 4 Ein Leib und ein Geist, wie ihr auch berufen worden seid in einer Hoffnung eurer Berufung! 5 Ein Herr, ein Glaube, eine Taufe, 6 ein Gott und Vater aller, der über allen und durch alle und in allen ist.

Die Einleitung ***Ich ermahne euch nun*** in Vers 1 signalisiert den Übergang zum zweiten Teil des Epheserbriefes. Drei Kapitel lang hat Paulus Gott für das gepriesen, was er in Christus für uns getan hat, den Christen erklärt, worin es besteht, und dafür gebetet, dass sie es noch besser verstehen. Die erste Hälfte des Briefes hatte einen gewichtigen theologischen Inhalt und war voller langer Sätze und schwieriger Wortgebilde, die der Apostel in seiner überschwänglichen Freude aneinander reihte. Mittelpunkt der Erörterung war das *Geheimnis Christi*, der sich selbst gab, damit alle, Juden wie Nichtjuden, *aus Gnaden* erlöst werden und in *einen Leib* vereinigt werden können (Kap. 3,4.6; 2,8.16).

Die letzten drei Kapitel unterscheiden sich davon stilistisch und inhaltlich wesentlich. Die Sätze sind nun kürzer und überschaubarer. Die Betonung liegt nicht mehr auf der Glaubenslehre, sondern auf der Lebensführung der Christen. „Im Epheserbrief wird davon ausgegangen, dass Bekehrung zur moralischen Erneuerung führt", erklärt Pheme Perkins.[1] Kenner der Paulusbriefe haben diese Reihenfolge als Indikativ und Imperativ beschrieben: Zuerst teilt der Apostel seinen Lesern in der Indikativform der Verben mit, was Gott in Christus für sie getan hat. Dem folgen die ethischen Imperative (Gebote), die zeigen, was sie als Reaktion darauf tun sollen. „Die Beziehung dieser beiden unterschiedlichen Arten zu reden ist sofort klar: Die Imperative beruhen auf dem Indikativ und diese Reihenfolge ist nicht umkehrbar. Denn in jedem Fall folgen [in den Briefen des Paulus] die Imperative dem Indikativ als Schlussfolgerungen."[2]

Wiederholt verwendet er ein ***nun*** (in diesem Zusammenhang besser mit *also* zu übersetzen),[3] wenn er vom Indikativ der Unterweisung zum Imperativ apostolischer Aufforderungen übergeht (siehe z. B. Rö 6,12 GNB; 12,1; Kol 3,1.5), auch im Epheserbrief. Zuerst beschreibt er, was Gott getan hat, dann folgt Kapitel 4,1: [*Also*] *ermahne ich euch … Wandelt würdig …* Das *also* das Leitwort in dem Vers, das die Form des restlichen Briefes bestimmt. „Das Verhalten ist demnach im Epheserbrief nicht nur als Reaktion auf das zu sehen, was Gott in Christus getan hat, sondern auch als passende Begleitung zum Lobpreis Gottes – den beiden Themen der Kapitel 1 bis 3", meint Ernest Best.[4]

Wandelt würdig der Berufung … Der *Wandel* zeigt, wie wir bereits bei der Erörterung von Epheser 2,2 sahen, die Lebensrichtung der Menschen an: Bevor sie durch Christus erlöst wurden, *wandelten* sie *nach der Art dieser Welt* (LB), doch nach ihrer Bekehrung sollen sie in *guten Werken … wandeln* (V. 10).

---

1 Pheme Perkins: *Ephesians*, S. 94.
2 Herman Ridderbos: *Paul. An Outline of His Theology*, S. 254f.
3 Siehe Ernst Dietzfelbinger: *Das Neue Testament. Interlinearübersetzung Griechisch-Deutsch* zu den angegebenen Bibeltexten (Anm. des Lektors).
4 Ernest Best: *A Critical and Exegetical Commentary on Ephesians*, S. 353.

Was Paulus mit seiner Aufforderung *wandelt würdig* meint, erklärt er gleich anschließend: Die Christen sollten in Einheit (Kap. 4,2-16) und in Reinheit leben (Kap. 4,17 bis 5,20).

Du wirst bemerkt und vielleicht auch schmerzlich erfahren haben, dass heutzutage die weltweite Gemeinde Christi und viele Ortsgemeinden nicht immer harmonisch miteinander leben. Tatsächlich hat die universale Gemeinde Christi auf allen Ebenen eine zersplitterte Existenz. So war es auch in den Gemeinden in der Region von Ephesus: In ihnen gab es nicht nur die üblichen persönlichen Differenzen, sondern sie schlugen sich auch mit den rassischen Problemen wegen der Herkunft ihrer Glieder aus den Juden oder den Heidenvölkern herum. Gott hatte Vorkehrungen für ihre Einheit getroffen, aber sie hatten damit anscheinend noch Schwierigkeiten.

Daher wies Paulus sie auf einige Charaktermerkmale und Verhaltensweisen hin, die ihnen helfen würden, in Harmonie miteinander zu leben. Sie würden auch deine Gemeinde zu einem angenehmeren Ort machen, wenn man sie befolgte, und können sogar eine Hilfe für deine Ehe und andere persönliche Beziehungen sein.

Das erste Merkmal ist ***Demut***. Bevor das Christentum in die Welt kam, wurde Demut nicht als eine Tugend betrachtet. Im Gegenteil: Die Menschen sahen Demut als etwas Unterwürfiges, Kriecherisches und Schmachvolles an, als eine Eigenschaft, die zur Haltung und zum Stand eines Sklaven passte. Jesus kehrte all das um und gab auf diese Weise der Welt (oder wenigstens seinen Nachfolgern) ein neues Vorbild des Lebens. Paulus fordert die Christen im Philipperbrief auf: „Habt im Umgang miteinander stets vor Augen, was für einen Maßstab Jesus Christus gesetzt hat: Er war in allem Gott gleich, und doch hielt er nicht gierig daran fest, so wie Gott zu sein. Er gab alle seine Vorrechte auf und wurde einem Sklaven gleich. Er wurde ein Mensch in dieser Welt und teilte das Leben der Menschen. Im Gehorsam gegen Gott erniedrigte er sich so tief, dass er sogar den Tod auf sich nahm, ja, den Verbrechertod am Kreuz." (Phil 2,5-8 GNB). Sich selbst beschrieb Jesus als „sanftmütig und von Herzen demütig" (Mt 11,29).

Man braucht nicht viel Weisheit, um zu erkennen, dass eine Gemeinde voller demütiger Glieder leichter Einigkeit erreicht als eine Gemeinde mit stolzen und arroganten Personen. Demütig zu sein und sich *nicht über andere zu erheben* (Eph 4,2 GNB) gehört zu den Eigenschaften, die uns Jesus ähnlich machen.

Ein zweites Charaktermerkmal, das Einheit bewirkt, ist ***Sanftmut***. „Diese Sanftmut ist nicht mit Schwäche zu verwechseln (wie es das damalige griechisch-römische Denken ansah), sondern hat mit Rücksichtnahme auf andere und der Bereitschaft zu tun, auf seine eigenen Rechte zu verzichten", erklärt Peter O'Brien.[5]

Das dritte Merkmal ist eng mit dem vierten verbunden. ***Geduld*** ist „Langmut gegenüber Menschen, die einen aufregen",[6] während ***einander ertragen*** meint, „jemandem Geduld zu erweisen, bis die Provokation vorüber ist".[7] Beides sind Eigenschaften Gottes, der seit dem Sündenfall unendliche Geduld und Toleranz gegenüber Sündern gezeigt hat (siehe 2 Mo 34,6; Rö 5,6-8; 2 Pt 3,9). Gott hat uns darin ein Vorbild gegeben. Dementsprechend fordert uns auch Jesus im Gleichnis vom Knecht, dem eine ungeheure Schuld erlassen wurde, dazu auf, einander barmherzig zu behandeln (siehe Mt 18,23-35; vgl. 1 Thess 5,14.15).

Das letzte Charaktermerkmal, das für die Einheit in der Gemeinde nötig ist, ist die *Agape-Liebe*. In Epheser 3,17 hatte Paulus darum gebetet, dass die Christen *in Liebe gewurzelt und gegründet* sein mögen. Nun ermahnt er sie, sie auszuleben. *Agapē* ist die Einstellung von Herz und Verstand, die stets für andere das Beste will, ungeachtet dessen, wie sie uns behandelt haben.

Wenn wir diese fünf Merkmale besitzen und ausleben, werden wir zum ***Frieden*** und zur ***Einheit, wie sie der Geist Gottes schenkt*** (Kap 4,3 Hfa), in der Gemeinde Jesu finden. William Barclay hilft uns, das hinter diesen fünf Eigenschaften liegende Grundprinzip zu erkennen, indem er erklärt: Jede dieser „großen christlichen Tugen-

[5] Peter T. O'Brien: *The Letter to the Ephesians*, S. 278.
[6] John R. W. Stott: *The Message of Ephesians. God's New Society*, S. 149.
[7] Cleon L. Rogers Jr. und Cleon L. Rogers III.: *The New Linguistic and Exegetical Key to the Greek New Testament*, S. 440.

den beruht ... auf einer Sache: der Auslöschung der Selbstsucht. Solange das [alte] Ich im Mittelpunkt steht, solange unsere Gefühle und unser Prestige das einzige sind, das für uns zählt, lässt sich diese Einigkeit nicht erreichen. Sie kann nur dort existieren, wo wir aufhören, uns selbst zum Mittelpunkt von allem zu machen und mehr an andere denken als an uns selbst. Die Selbstsucht zerstört den Frieden. In einer Gemeinschaft, in der Ich-Menschen dominieren, bilden sie nichts anderes als eine Ansammlung von nicht integrierten und einander bekämpfenden Einzelwesen. Wenn aber die Selbstsucht stirbt [„gekreuzigt wird" Rö 6,6] und Christus in uns lebendig wird, dann halten auch der Friede, die Einigkeit und das Zusammengehörigkeitsgefühl Einzug, die Kennzeichen jeder wahren [christlichen] Gemeinde sind."[8]

Nachdem Paulus in den Versen 1 bis 3 die fünf Eigenschaften genannt hat, die zu Frieden und Einheit in der Gemeinde führen, gibt er in den Versen 4 bis 6 die theologische Grundlage dafür in sieben Punkten an.

Erstens gibt es den **einen *Leib***. Für Gott ist die Gemeinde Christi keine Ansammlung von verschiedenen Kirchen und Gemeinschaften. Sie hat nicht eine jüdische und eine nichtjüdische Fraktion, auch keine katholische, evangelische oder adventistische. Gott weiß natürlich um die Teilungen, die die Gläubigen voneinander trennen, doch das war nie seine Absicht. Er möchte, dass alle Christen sich demütig seinem Wort beugen und die Einigkeit der Trinität erleben (die des Heiligen Geistes, des Herrn Jesus und Gott, des Vaters). „Der Leib Christi ist per Definition *einer*."[9] Gott möchte, dass sein Volk auf Erden so viel Einheit wie möglich erlebt – und das nicht nur in den örtlichen Gemeinden, sondern auch im größeren Rahmen. Obwohl die Kluft zwischen seinem Ideal und der Wirklichkeit zurzeit groß ist, wird Gott diese Dinge zurechtrücken, wenn Jesus wiederkommt.

---

[8] William Barclay: *Brief an die Galater / Brief an die Epheser*. S. 146 (Übersetzung nach dem Original auf S. 165 vom Lektor verbessert und ergänzt).

[9] O'Brien, a. a. O. (d. h.: für die Angabe des Titels usw. siehe die erste Erwähnung dieses Autors [Fußnote 6] oder das Literaturverzeichnis am Schluss), S. 281.

Zweitens gibt es den **einen *Geist*,** der die Einigkeit und den Zusammenhalt des Leibes bewirkt. Außerdem gibt es nur **eine *Hoffnung*,** weil alle echten Christen sich auf dasselbe Ziel zu bewegen, nur **einen *Herrn*,** auf den sich ihre Hoffnung richtet, und nur **eine** Art rettenden ***Glauben*** an Christus, der zur Erlösung und Einheit führt. Judenchristen werden durch keinen anderen Glauben erlöst als Nichtjuden. In diesem Sinne gibt es auch keinen unterschiedlichen Glauben für die verschiedenen christlichen Kirchen und Gemeinschaften unserer Zeit. Der *eine Glaube* hängt unmittelbar mit dem *einen Herrn* zusammen, der alle unterschiedslos *aus Gnade durch Glauben errettet* (Kap. 2,8).

Und die Gemeinde hat nur **eine *Taufe*,** durch die Menschen Teil des Leibes Christi werden (siehe 1 Ko 12,13). Paulus spricht hier nicht von der Art und Weise der Taufe, sondern davon, dass jeder Christ durch die Taufhandlung in die Gemeinde aufgenommen wird. Auch hier gilt: Juden werden auf keine andere Art angenommen als Nichtjuden. „Denn ihr alle, die ihr auf Christus getauft seid, habt Christus angezogen.“ (Gal 3,27 LB) Nicht ohne Grund verbindet Paulus die Taufe wiederholt mit dem Einssein der Christen untereinander.

Zuletzt geht es um den **einen *Gott und Vater aller, der über allen und durch alle und in allen ist*.** Es ist der *eine Gott,* der uns durch das Opfer des *einen Herrn,* durch das Wirken des *einen Geistes,* durch die *eine Hoffnung,* den *einen Glauben* und die *eine Taufe* zu seinen *Hausgenossen* (Eph 2,19) gemacht hat. Darum verbindet der *eine Leib* alle Kinder Gottes auf der Erde und in der Himmelswelt. Das *Geheimnis Christi* ist in der Tat etwas Wunderbares. Es lohnt sich, dafür zu leben.

13. Einheit in Vielfalt durch geistliche Gaben

Epheser 4,7-10

7 Jedem einzelnen von uns aber ist die Gnade nach dem Maß der Gabe Christi gegeben worden. 8 Darum heißt es: „Hinaufgestiegen in die Höhe, hat er Gefangene gefangen geführt und den Menschen Gaben gegeben.“ 9 Das Hinaufgestiegen aber, was besagt es anderes, als dass er auch hinabgestiegen ist in die unteren Teile der Erde? 10 Der hinabgestiegen ist, ist derselbe, der auch hinaufgestiegen ist über alle Himmel, damit er alles erfüllte.

Paulus hat bereits in Kap. 3,2.8 von der Gnadengabe gesprochen, die er von Gott erhalten hatte und mit der er *den unausforschlichen Reichtum Christi* verkündigen sollte. Im obigen Abschnitt kommt er auf die Rolle der geistlichen Gaben für die Gemeindeglieder zu sprechen.

In Epheser 4,7 liegen drei Lehren verborgen. Erstens ist ***jedem einzelnen von uns*** mindestens eine geistliche Gabe zuteil geworden. Nach dem Neuen Testament ist die gesamte Gemeinde eine charismatische (von griechisch *charisma* – „Gnadengabe“) Gemeinschaft von Menschen. Jeder echte Christ ist durch den Heiligen Geist neu geboren worden (siehe Jo 3,5-7) und hat eine geistliche Gabe erhalten (siehe 1 Ko 12,4.7.11).

Als zweites ist der Unterschied zwischen rettender und dienender ***Gnade*** hervorzuheben. Die rettende Gnade erfahren wir, wenn Gott uns aus dem Abgrund der Sünde errettet (siehe Eph 2,5-8). Darauf lässt er die besondere Gabe der dienenden *Gnade* folgen, damit wir als Mitarbeiter Jesu dazu beitragen können, dass unsere Mitmenschen das *Geheimnis Christi*, das Evangelium von der Gnade Gottes erfahren (Kap. 3,4-6). Es ist etwas verkehrt mit Leuten, die meinen, die rettende Gnade ohne die dienende Gnade zu haben. Das ist aus biblischer Sicht unmöglich.

Epheser 4,7 spielt darauf an, was in Vers 11 und an anderen Stellen der Paulusbriefe deutlicher wird: Nicht jeder erhält dieselbe geistliche Gabe. Der Leib Christi hat unterschiedliche Bedürfnisse, wie Paulus es treffend in 1. Korinther 12 ausführt, und Gott gibt verschiedene Gaben, um allen Bedürfnissen gerecht zu werden, damit der Leib in sich ausgewogen und gesund sein kann. Somit ist in der Gemeinde eine Vielfalt vorhanden.

Diese Vielfalt mag uns überraschen, da sie unmittelbar auf die Betonung der Einheit folgt. Wie wir in Epheser 4,12-16 sehen werden, soll jedoch gerade die Vielfalt der geistlichen Gaben die Einheit in der Gemeinde herbeiführen.

Gott, der im Himmel wohnt, sieht die Begabungen seiner Kinder, die auf Erden leben, und gibt ihnen geistliche Gaben, die ihre natürlichen Veranlagungen besonders wirksam machen. Das ist etwas Wunderbares. Ein Nebeneffekt der Gaben ist die Vielfalt in der Gemeinde. Christen kommen nicht „von der Stange". Im Gegenteil: Der Leib Christi ist ein lebender Organismus, der aus vielen Teilen besteht. Das ist gut so. Die Gemeinde wäre ein langweiliger Ort, wenn jeder genau dieselben Stärken, Schwächen und Gaben wie ich hätte. Es wäre in mancher Hinsicht gut, aber in anderer Hinsicht sehr nachteilig. Eines aber ist sicher: Es wäre langweilig. Danken wir Gott für die Vielfalt in der Einheit! Sie macht die Gemeinde lebendiger und funktionstüchtiger.

Manche werden verwirrt, wenn sie die Verse 8 bis 10 im obigen Abschnitt lesen. Was bedeutet: ***Er hat Gefangene gefangen geführt*** und ist ***hinaufgestiegen in die Höhe***, nachdem er *hinabgestiegen ist in die unteren Teile der Erde*? Die Sache mit den *Gefangenen* wird verständlicher, sobald wir erkennen, dass Paulus Psalm 68,19 zitiert. „Ursprünglich wurde mit diesem Psalm ein irdischer Triumph der Israeliten über ihre Feinde und ihre Rückkehr mit den besiegten Feinden [als Gefangene] und der Kriegsbeute zur Hauptstadt gefeiert", meint Arthur Patzia. Zugleich diente er „als ein Bild für den Sieg Gottes über alle seine Feinde während des Auszugs aus Ägypten und seine Inthronisierung in der heiligen Stadt".[10]

Die Juden brachten Psalm 68 mit dem Pfingstfest in Verbindung und das zu Recht, denn nachdem Christus zu Pfingsten „durch die

---

[10] Arthur G. Patzia: *Ephesians, Colossians, Philemon*, S. 236.

rechte Hand Gottes erhöht [worden] ist und empfangen hat den verheißenen Heiligen Geist vom Vater, hat er diesen ausgegossen", erklärte Petrus (Apg 2,33 LB). Das äußerte sich u. a. in der Sprachengabe, die die Jünger Jesu damals empfingen (siehe V. 2-4). Damit erfüllte sich der Teil des Zitats, der davon spricht, Christus habe ***den Menschen Gaben gegeben.***

Das Neue Testament gibt einen Hinweis, wer die ***Gefangenen*** sein könnten. In Matthäus 27,52.53 wird von den „entschlafenen Heiligen" aus Gottes Volk berichtet, die bei Jesu Kreuzigung aus dem Gefängnis des Todes als Zeugen für die Auferstehung Jesu von Gott auferweckt wurden. Ellen White erklärt: „Sie fuhren mit dem Herrn gen Himmel als Zeichen seines Sieges über Tod und Grab." Sie waren „nicht länger mehr Gefangene Satans", sondern Erlöste Jesu.[11]

Was aber ist mit der Aussage gemeint, dass er ***hinabgestiegen ist in die unteren Teile der Erde***? Darüber rätseln viele. Der Kirchenvater Ambrosiaster schrieb im 4. Jahrhundert in Verbindung mit der oft missverstandenen Aussage in 1. Petrus 3,19, gemäß der Christus nach seinem Tod „den Geistern im Gefängnis" gepredigt hat: „Nach seinem Sieg über den Teufel ist er zum Kern der Erde hinuntergestiegen, um den Toten predigen zu können, damit alle, die sich an ihn halten wollten, befreit werden konnten."[12]

Diese Auslegung war unter vielen Kirchenvätern und Kommentatoren verbreitet, aber eine wahrscheinlichere Erklärung ist folgende: Das in Epheser 4 erwähnte Hinabfahren und Auffahren ist als Parallele zum Gedankengang in Philipper 2,7.8 aufzufassen, gemäß dem Christus bei seiner Menschwerdung auf die Erde herabkam und so weit hinunterstieg, dass er „Knechtsgestalt" annahm und am Kreuz starb. Im Philipperbrief folgt auf dieses Hinuntersteigen ein Auffahren, denn Gott hat „ihn auch hoch erhoben und ihm den Namen verliehen, der über jeden Namen ist" (V. 9 EB). Dieses Verständnis passt nicht nur in Epheser 4 hinein, sondern in den gesamten Gedankengang des Briefes. In Kap. 1,20 finden wir beispielsweise die

---

11 Ellen G. White: *Das Leben Jesu* bzw. *Der Eine – Jesus Christus (1995f.), S. 789.*

12 Zitiert in Mark J. Edwards (Hg.): *Galatians, Ephesians, Philippians*, S. 164.

Aussage: Gott hat Christus *aus den Toten auferweckt und zu seiner Rechten in der Himmelswelt gesetzt*. Somit ist Kap. 4,8-10 nicht so schwer zu verstehen, wie man vielleicht zuerst annimmt.

Aus dem Zitat aus Psalm 68,19 ergibt sich jedoch ein ernstes Problem. Im Psalm heißt es: „Gaben empfangen", während Paulus den Text mit ***Gaben gegeben*** zitiert. Für diese Diskrepanz kommen zwei Lösungen in Frage: Paulus könnte aus einer Version des Alten Testamentes zitiert haben, die sich in den uns bekannten hebräischen und griechischen Manuskripten nicht niedergeschlagen hat. Diese Hypothese stützt sich auf eine aramäische und eine syrische Version des AT, die in Psalm 68,19 das Wort „gegeben" haben. Eine zweite Erklärung ist die, dass logischerweise ein Sieger, der von einem bezwungenen Gegner Gaben annimmt, sie seinen treuen Anhängern weitergibt. Dazu findet sich eine Parallele zu Pfingsten, als Christus, nachdem er „den verheißenen Heiligen Geist vom Vater … empfangen" hatte, ihn dann als Gabe seinen Nachfolgern weitergab (Apg 2,33 LB).

Aus der Sicht des Apostels ist wichtig, dass der erhöhte Sohn Gottes der Gemeinde Gaben verliehen hat. Nach Epheser 4,7.11 kommen sie von Jesus Christus. Das ist deshalb von Interesse, weil nach 1. Korinther 12,4.11 der Heilige Geist und nach Römer 12,3 der Vater die Gaben austeilt. Dahinter verbirgt sich eine trinitarische Lektion: Alle drei Glieder der Gottheit teilen gleichermaßen Gaben aus, obwohl der Heilige Geist die Person des dreieinigen Gottes ist, die die Funktionsweise der geistlichen Gaben lenkt.

14. Der Zweck der geistlichen Leitungsgaben

Epheser 4,11-16

11 Und er hat die einen als Apostel gegeben und andere als Propheten, andere als Evangelisten, andere als Hirten und Lehrer, 12 zur Ausrüstung der Heiligen für das Werk des Dienstes, für die Erbauung des Leibes Christi, 13 bis wir alle hingelangen zur Einheit des Glaubens und der Erkenntnis des Sohnes Gottes, zur

vollen Mannesreife, zum Vollmaß des Wuchses der Fülle Christi. 14 (Denn) wir sollen nicht mehr Unmündige sein, hin- und hergeworfen und umhergetrieben von jedem Wind der Lehre durch die Betrügerei der Menschen, durch (ihre) Verschlagenheit zu listig ersonnenem Irrtum. 15 Lasst uns aber die Wahrheit reden in Liebe und in allem hinwachsen zu ihm, der das Haupt ist, Christus. 16 Aus ihm wird der ganze Leib zusammengefügt und verbunden durch jedes der Unterstützung (dienende) Gelenk, entsprechend der Wirksamkeit nach dem Maß jedes einzelnen Teils; und (so) wirkt er das Wachstum des Leibes zu seiner Selbstauferbauung in Liebe.

Christus hat *den Menschen Gaben gegeben,* genau genommen *jedem einzelnen von uns* Christen (V. 8.7). Dabei geht es um zwei verschiedene Kategorien von Gaben: Die erste umfasst all die Gaben, die von Christus zum Dienst für ihn in der Gemeinde und an unseren Mitmenschen gegeben werden (siehe 1 Pt 4,10; 1 Ko 12,8-10; Rö 12,6-8). In Epheser 4,11 zählt Paulus dagegen Leitungs- oder Ausbildungsgaben auf, die *die Christen für ihren Dienst ausrüsten* sollen (V. 12 Hfa). Es handelt sich nicht um eine Aufzählung aller geistlichen Gaben. Die Bedürfnisse der Ortsgemeinden sind unterschiedlich und die Fähigkeiten der Einzelnen verschieden; deshalb sind auch die geistlichen Gaben verschieden, die Gott zur Verherrlichung seines Namens auf Erden den Christen gibt.

Wenn alle Glieder bereit sind, ihre Gaben im Sinne Gottes einzusetzen, wird im Leib Christi Einheit herrschen und in der Gemeinde werden alle reibungslos zusammenarbeiten, wie Paulus in 1. Korinther 12,14-26 deutlich macht. Gottes Kinder sollen ihre verschiedenen Gaben so anwenden, dass die Gemeinde ihrem Auftrag gerecht wird und in ihr Einheit herrscht. Dazu sind ***Apostel, Propheten, Evangelisten, Hirten und Lehrer***[13] als Anleiter oder Trainer (Coaches) erforderlich.

---

[13] Diese beiden Gaben werden an anderen Stellen insbesondere den Ältesten bzw. Bischöfen zugeordnet, siehe Apostelgeschichte 20,17.28; 1. Timotheus 3,2; Titus 1,9; 1. Petrus 5,1.2 (Anm. des Lektors).

Paulus erklärt in diesem Abschnitt detailliert, wozu die geistlichen Leitungsgaben gegeben werden. Er nennt in Vers 12 zwei Hauptzwecke:

1. die *Ausrüstung der Heiligen für das Werk des Dienstes* und
2. *die Erbauung des Leibes Christi.*

Dabei ist mehreres beachtenswert, zuerst die Tatsache, dass ***das Werk des Dienstes* allen *Heiligen*** gilt. Ein *Heiliger* ist jemand, der für einen heiligen Zweck abgesondert worden ist, wie wir bereits in Kapitel 1 festgestellt haben. Es geht dabei im Neuen Testament nicht um eine inhärente Heiligkeit, sondern jeder wahre Christ ist ein *Heiliger*. Paulus sagt hier definitiv, dass der Dienst für Gott die Sache eines jeden bekehrten Christen ist.

Wir müssen uns von der unbiblischen Vorstellung lösen, die bezahlten (oder unbezahlten) Geistlichen seien für den Dienst in der Gemeinde und ihrer Umgebung verantwortlich. Nein und noch einmal: Nein! Nach biblischer Lehre hat jeder Christ dabei eine Rolle zu spielen und mindestens eine geistliche Gabe erhalten, die ihn befähigt, Gott, der Gemeinde und seinen Mitmenschen zu dienen. Die dienende Gnade offenbart sich darin, dass wir uns um die Sache Christi kümmern.

Manche meinen nun, wir bräuchten in der Gemeinde gar keine Geistlichen. Das sagt Paulus aber gerade nicht. Vielmehr sollen die Christen mit Leitungsgaben (die natürlich nicht auf die angestellten Geistlichen beschränkt sind) die anderen ***Christen für ihren Dienst ausrüsten*** (V. 12 Hfa). Die Apostel, Ältesten und geistlichen Lehrer sollen nicht die ganze Arbeit allein machen, sondern – im Gegenteil – vor allem die ganze Gemeinde dazu anleiten und ausbilden, ihren Dienst gemäß ihren Gaben zu tun. Die Funktion der geistlichen Leiter besteht darin, jedes Gemeindeglied zur Mitarbeit in Gottes Werk zuzurüsten, indem sie ihm helfen, seine Gabe(n) zu erkennen und den Dienst in der Gemeinde oder für die Menschen ihrer Umgebung zu finden, der am besten ihrer Gabenkombination entspricht. Weiter gehört dazu das ständige Coaching im Dienst (Anleitung, Ermutigung und Kontrolle). Manche Prediger und andere Leiter in der Gemeinde müssen sich von der Sünde verabschieden, den Dienst an sich zu reißen, und endlich ihre Rolle als Anleiter (Trainer/Coach) der Gemeindeglieder aufnehmen.

John Stott stellt die grundsätzlichen Arten des Dienstes der angestellten Geistlichen in der Gemeinde anschaulich gegenüber: „Das traditionelle Modell ist das einer Pyramide, wobei der Pastor gefährlich an der Spitze thront wie ein kleiner Papst in seiner eigenen Gemeinde, während die Laien unter ihm in enggeschlossenen Reihen der Unterlegenheit stehen. Das ist ein völlig unbiblisches Bild, weil das Neue Testament [für die Ortsgemeinde] an keiner Stelle das Bild von einem einzelnen Pastor mit einer lammfrommen Herde vermittelt, sondern das mit mehreren Aufsehern[14] und einem Laiendienst, in dem jedes Glied mitarbeitet. Nicht viel besser ist das Modell von einem Bus, den der Pastor steuert, während die Gemeindeglieder als Mitreisende in friedlicher Sicherheit hinter ihm schlummern. Ganz anders als die Pyramide oder der Bus ist das biblische Modell vom Leib. Die Gemeinde ist der Leib Christi und jedes Glied hat eine bestimmte Funktion. In dieses Bild vom Leib passt durchaus das Konzept von einem speziellen Pastorat (im Sinne eines Dienstes – eines wichtigen – unter vielen), aber es gibt einfach keinen Raum darin für eine Hierarchie oder die Art von herrischer Geistlichkeit, die den ganzen Dienst [einer Ortsgemeinde] in die Hände eines Mannes legt und den Kindern Gottes ihre eigenen rechtmäßigen Dienste versagt."[15]

Jedes einzelne Gemeindeglied ist genauso ein Diener Christi wie der Prediger, der Pastor oder andere (angestellte) Leiter. Deren besondere Rolle besteht darin, die anderen Glieder anzuleiten, auszubilden und zu trainieren.

Der zweite Hauptzweck der Funktion der Leitungsgaben ist ***die Auferbauung des Leibes Christi***. Paulus nennt drei Nebenziele, die erreicht werden sollen. Das erste ist die ***Einheit des Glaubens*** unter den Christen. Wir haben bereits mehrfach in unserem Studium ge-

---

[14] Der neutestamentliche Begriff „Bischof" bedeutet „Aufseher", sein Dienst ist mit dem des „Ältesten" identisch; siehe z. B. Apg 20,17.28; 1 Tim 3,2 EB; Tit 1,7 EB (Anm. des Lektors).

[15] Stott, a. a. O., S. 167.

sehen, dass *Einheit* ein Hauptanliegen des Apostels in diesem Brief ist. Christliche Einheit hat aber nichts mit gedankenloser oder blinder Konformität zu tun. Vielmehr geht es um eine *Einheit des Glaubens*. Sie hängt zusammen mit dem zweiten Nebenziel der *Auferbauung* der Gemeinde: Die Gläubigen sollen ***den Sohn Gottes immer besser kennen lernen*** (V. 13 Hfa). Sie besitzen zwar bereits eine erlösende Erkenntnis Jesu und seiner Gnade, doch in seiner typischen Art des Schon-jetzt und Noch-nicht sagt Paulus: Ihr habt noch viel zu lernen, wenn ihr an christlicher Reife zunehmen wollt.

Das Neue Testament stellt die Erlösung nie als ein punktuelles Geschehen dar, sondern als einen Prozess. Und der Ausbildungsdienst der Pastoren und anderen Leiter der Gemeinde ist unbedingt notwendig für das geistliche Wachstum der Gemeinde. Das Christentum ist keine Religion der Unwissenheit, sondern eine, in der jeder Einzelne und die Gesamtgemeinde Gott immer besser kennen lernen. Das richtige Verständnis von ihm und seinem Werk für die Gemeinde zu haben, war Paulus wichtig.

Das dritte Nebenziel hängt mit den beiden bereits genannten zusammen: Zur *Einheit des Glaubens* und zur volleren *Erkenntnis des Sohnes Gottes* zu kommen, sind notwendige Bestandteile der Entwicklung zum ***vollendeten Mann, zum vollen Maß der Fülle Christi*** (V. 13 LB). Dabei hat Paulus nicht lediglich die Gemeindeglieder (*wir alle)* im Auge, sondern den *ganzen Leib* (V. 16). Natürlich sind diese Ziele auch für jeden Einzelnen wichtig, aber Paulus denkt vor allem daran, was die Gemeinde als der Leib Christi braucht, damit sie ***nicht mehr … von jedem Wind einer*** [falschen] ***Lehre umhergetrieben*** wird durch einen charismatischen Leiter hier oder eine eindrucksvolle Führungspersönlichkeit dort, wie Wind und Wellen ein Schiff hierhin oder dorthin treiben können. Zu der Funktion der in Vers 11 angeführten Leitungsgaben gehört es, bezüglich der Lehre Stabilität in Gottes Gemeinde zu schaffen und zu erhalten.

Darin ist die Gemeinde immer wieder gefährdet (siehe z. B. Mt 24, 11.13; 2 Pt 1,1.2). Daher weist das Wörtchen ***bis*** in Vers 13 darauf hin, dass die Gemeinde diese Leitungs- und Ausbildungsgaben bis zur Wiederkunft Jesu braucht, bis sie die genannten Ziele erreicht hat.

In Vers 15 erwähnt Paulus ein wichtiges Erfordernis auf dem Weg dahin: ***Lasst uns aber die Wahrheit reden in Liebe***. Daran mangelt es in den Gemeinden oft. Einerseits gibt es solche, die bestimmte Lehren so unnachgiebig verteidigen, dass sie am Ende gemeiner sind als der Teufel. Andererseits sind andere so „liebevoll", dass sie sich selbst dann nicht äußern, wenn manche Christen Gottes Wort beiseite tun oder ihm widersprechen. Sie übersehen den Inhalt dieser Aussage des Paulus. Gottes Ideal ist *Wahrheit* und *Liebe* gleichzeitig.

Zu beachten ist auch, dass das Wort *reden* nicht im griechischen Text steht. Dieses Wort ist impliziert, aber die Aussage des Paulus geht über das Verbale hinaus und meint das ganze Ausleben der Wahrheit.[16] *In Liebe reden* ist gut, aber er fordert die Gemeindeglieder vor allem auf, ***die Wahrheit in Liebe zu leben*** (Hfa). Das ist von großer Bedeutung, wenn wir zu ***mündigen Christen heranreifen*** und ***hineinwachsen*** wollen ***in die ganze Fülle, die Christus in sich umfasst*** (V. 13 Hfa / GNB).

Der Wortlaut von Vers 16 ist im Griechischen wie im Deutschen komplex (wie die vielfältigen Übersetzungen beweisen), aber der Grundgedanke ist klar. Dieser Vers „entspricht genau der Gedankenentwicklung im ganzen Abschnitt", erklärt Rudolf Schnackenburg.[17] Auch in ihm steht die entscheidende Rolle Christi im Mittelpunkt: Er hat die Dienst- und die Leitungsgaben gegeben und ***von ihm her wird der ganze Leib zu einer Einheit zusammengefügt und durch verbindende Glieder*** (sie repräsentieren die Leitungsgaben) ***zusammengehalten und versorgt*** (GNB). So wird die Einheit des Leibes geschaffen. Wenn ***jedes einzelne Teil seine Aufgabe erfüllt … wächst der ganze Leib und baut sich durch die Liebe auf*** (GNB). In der Darstellung des Paulus „bleibt die herausragende Stellung Christi erhalten", während „der *ganze Leib* in den Wachstumsprozess einbezogen ist".[18]

---

16 Siehe D. Martyn Lloyd-Jones: *Christian Unity. An Exposition of Ephesians 4:1-16*, S. 241f.
17 Rudolf Schnackenburg: *Ephesians. A Commentary*, S. 189.
18 Ebd. S. 190.

Bevor wir diesen Abschnitt in Epheser 4 verlassen, sollten wir den Ausdruck beachten, der am Beginn und Ende auftaucht: ***in Liebe*** (V. 2.15.16). Es stimmt wirklich: Nur wenn das Leben der Gemeinde von *Liebe* durchdrungen ist, wird sie zusammenhalten. Sie ist auch der Anreiz zum geistlichen Wachstum. Leider fehlt allzu vielen Gemeinden und einzelnen Gemeindegliedern dieser Aspekt echten Christentums – die Agape-Liebe. Aber ohne sie ist eine so genannte Gemeinde nichts als eine Karikatur des Christentums, aber nicht die wahre Sache (siehe 1 Ko 13,1-4). Das größte Bedürfnis jeder Gemeinde und jedes Christen ist die göttliche Liebe, die sich in allem ausdrückt, was sie tun und lehren.

15. Mit neuer Gesinnung leben

Epheser 4,17-24

17 Dies nun sage und bezeuge ich im Herrn, dass ihr nicht mehr wandeln sollt, wie auch die Nationen wandeln, in Nichtigkeit ihres Sinnes; 18 (sie sind) verfinstert am Verstand, fremd dem Leben Gottes wegen der Unwissenheit, die in ihnen ist, wegen der Verstockung ihres Herzens; 19 sie, die abgestumpft sind, haben sich selbst der Ausschweifung hingegeben, zum Ausüben jeder Unreinheit mit Gier. 20 Ihr aber habt den Christus nicht so kennen gelernt. 21 Ihr habt ihn doch gehört und seid in ihm gelehrt worden, wie es Wahrheit in Jesus ist: 22 dass ihr, was den früheren Lebenswandel angeht, den alten Menschen abgelegt habt, der sich durch die betrügerischen Begierden zugrunde richtet, 23 dagegen erneuert werdet in dem Geist eurer Gesinnung 24 und den neuen Menschen angezogen habt, der nach Gott geschaffen ist in wahrhaftiger Gerechtigkeit und Heiligkeit.

Das Leben echter Christen unterscheidet sich radikal von denen der Nichtchristen. Paulus hat das bereits in Kapitel 2 im Grundsätzlichen beschrieben: Gottes Gnade hat sie aus einem Leben *in den Begierden des Fleisches* zu einem Wandel in *guten Werken* geführt

(V. 3.10). Der Mittelpunkt dieser Veränderung ist die Beziehung zu Jesus Christus und alles, was er für uns getan hat.

Im obigen Abschnitt greift Paulus das Thema von der radikalen Veränderung wieder auf: Die Verse 17 bis 19 sprechen vom Zustand der Christen vor ihrer Bekehrung, während die Verse 22 bis 24 ihr neues Leben in Christus beschreiben. Der wesentliche Unterschied zu Kap. 2 besteht darin, dass er jetzt davon spricht, was Gott *in* ihnen getan hat und tut. Zunächst legt der Apostel den lehrmäßigen Grund für das neue Leben in Christus. Von Vers 25 an gibt er dann konkrete Anweisungen dafür, wie man dieses neue Leben führen soll. Er hat das in Vers 15 vorbereitet, indem er den Empfängern des Briefes sagt, sie sollen *hinwachsen zu ihm, der das Haupt [der Gemeinde] ist, Christus*.

Dieses *Hinwachsen zu ihm* erfordert, dass sie zuerst einen radikalen Bruch mit ihrer nichtchristlichen Vergangenheit gezogen haben müssen. Sie ***dürfen nicht mehr wie die Menschen leben, die Gott nicht kennen*** (V. 17 GNB), die ihren Sünden gegenüber ***abgestumpft sind*** und ***sich der Ausschweifung ergeben haben, um allerlei unreine Dinge zu treiben in Habgier*** (V. 19 LB).

Warum haben sie so gelebt? Interessanterweise betont Paulus ihre geistigen Defizite. ***Sie wissen nicht, was es bedeutet, mit Gott zu leben*** (V. 18 Hfa), weil:

1. sie ***von ihrem verkehrten Denken in die Irre geführt werden*** (V. 17 GNB),
2. ***ihr Verstand verfinstert ist*** (V. 18 LB) und
3. ***wegen der Unwissenheit, die in ihnen ist*** (V. 18).

Zwar hat nach diesen Aussagen ihre Lebensweise eine breite Grundlage in ihrem Verstand, doch auch ***die Verstockung ihres Herzens*** führt Paulus als Faktor an, der zu ihrer moralischen Verdorbenheit geführt hat.

Auch das neue Leben als Christ hat seine Grundlage im geistigen Bereich, denn sie:

1. ***haben Christus … kennen gelernt*** (V. 20 LB),
2. haben ***ihn gehört*** und sind
3. ***in ihm gelehrt worden*** (V. 21).

Aufgrund dieses neuen intellektuellen Verständnisses und ihrer Bereitschaft, das anzunehmen, was sie gelernt hatten, konnten sie eine innere Veränderung erfahren und zu einem neuen Lebenswandel kommen. Unterrichtung und Unterweisung sind wichtige Elemente bei der Bekehrung (siehe Rö 10,14-17) und im christlichen Leben. „Die Wortwahl und der Inhalt vermitteln die Vorstellung einer Schule", bemerkt Markus Barth.[19]

Doch dabei geht es um kein gewöhnliches Schulwissen. Jesus ist in jedem Aspekt der Unterweisung das Zentrum. Wenn wir auf die Formulierungen des Apostels genau achten, entdecken wir: Die Empfänger haben nicht nur *Christus kennen gelernt* oder etwas *von ihm gehört* (V. 21 LB), sondern sie haben ***ihn* selbst *gehört***. Das bedeutet: In der christlichen Predigt und Unterweisung ist er nicht nur das Thema, sondern durch den Heiligen Geist selbst der Lehrer (siehe Jo 16,12-14). Die Christen in und um Ephesus waren auch ***in ihm gelehrt worden***. Das bedeutet: Jesus Christus selbst war Rahmen und Inhalt der christlichen Botschaft.

Eine der Tragödien vieler angeblich christlicher Predigten und Unterweisungen besteht darin, dass sie sich zu sehr auf Lehre und Moral konzentrieren, ohne sie mit Christus in Verbindung zu bringen und mit ihm zu durchdringen. Bei dem religiösen Unterricht, der zu einer echten Bekehrung führt, „geht es nicht bloß um die Annahme besserer religiöser Gedanken oder Werte, sondern um die Annahme Jesu. Ohne ihn ist selbst theologische Genauigkeit für die Erlösung unzulänglich", meint Walter Liefeld treffend.[20]

Nach den originalen Aussagen des Paulus in den Versen 22 bis 24 fand im Leben der Christen eine große Veränderung statt, weil sie in rechter Weise über Christus unterrichtet wurden und ihn als Herrn und Erlöser angenommen haben. Aufgrund des Wirkens des Heiligen Geistes passierte Dreierlei in ihrem Leben. Sie haben:

1. ***was den früheren Lebenswandel angeht, den alten Menschen abgelegt*** (V. 22), und

[19] Markus Barth: *Ephesians. Translation and Commentary on Chapters 4-6,* S. 506.
[20] Walter L. Liefeld: *Ephesians*, S. 114.

2. ***den neuen Menschen angezogen*** (V. 24), und
3. wurden und ***werden*** immer weiter ***in dem Geist [ihrer] Gesinnung erneuert*** (V. 23).

Die Verbformen spielen dabei eine wichtige Rolle. In Vers 22 und 24 gebraucht Paulus im Griechischen Infinitive im Aorist, die „die Einmaligkeit des Handelns ausdrücken".[21] Anders gesagt, das Ablegen und das Anziehen vollziehen sich im Allgemeinen nur einmal im Leben eines Menschen, der sich zu Christus bekehrt. Viele Übersetzungen erwecken einen falschen Eindruck, indem sie die Verben als Aufforderungen (Imperative) übersetzen: *Legt von euch ab den alten Menschen … und zieht den neuen Menschen an* (LB; ähnlich GNB, Hfa, JB u. a.). Damit wird ausgedrückt, dass die Christen das erst noch tun müssten. Aber das ist nicht der Fall. Das Ablegen und Anziehen haben sie bereits vollzogen, als sie Christus angenommen haben. Das ist ein Merkmal echter Bekehrung.

Andrew Lincoln vertritt diese Wahrheit, indem er schreibt: „Die Leser waren darin unterrichtet worden, was es bedeutete, [an Christus] gläubig zu werden: Radikal mit der Vergangenheit zu brechen und den alten Menschen abzulegen. Das Bild, das mit dem Ablegen des alten Menschen und dem Anziehen des neuen vermittelt wird, ist das einer entscheidenden Veränderung. Was damit gemeint ist, lässt sich mit dem Ausdruck der synoptischen Evangelien vergleichen, Reue [Sinnesänderung] sei erforderlich, weil das Reich Gottes gekommen ist."[22] (Siehe Mt 3,2; 4,17; Mk 1,15 u. a.) Die Sinnesänderung, die zur Bekehrung führt, und die folgende Erneuerung durch den Heiligen Geist ist etwas, das im Leben eines echten Christen bereits geschehen ist (siehe z. B. Tit 3,5). Also *hatten* die Empfänger des Briefes *den alten Menschen* bereits *abgelegt und den neuen angezogen*.

Dennoch musste in ihrem Leben nach der Bekehrung noch etwas geschehen. An dieser Stelle kommt das Verb in Vers 23 zum Tragen:

---

[21] T. K. Abbott: *A Critical and Exegetical Commentary on the Epistles to the Ephesians and to the Colossians*, S. 136.

[22] Andrew T. Lincoln: *Ephesians*, S. 284.

Lasst euch in eurem Denken [ständig] erneuern durch den Geist. (GNB) Die Erlösung eines Menschen ist ein Prozess, der bei seiner Bekehrung mit einem *Ablegen des alten* und dem *Anziehen des neuen Menschen* in Gang gekommen ist. Aber unser ganzes Leben lang wirkt Tag für Tag der *Geist* Gottes, um uns von unseren Sünden zu überzeugen (siehe Jo 16,8.9), uns zu einem rechtschaffenen Leben zu führen (siehe Hes 36,26.27) und uns eine immer tiefere Erkenntnis Christi und des Willens Gottes für uns zu vermitteln. Unser *Denken* soll *ständig erneuert* werden,[23] je mehr sich unsere neue Identität, die wir bereits angenommen haben, entwickelt und vertieft. Diese über ein verändertes Denken laufende Entwicklung (siehe Rö 12,2) als neuer Person in Christus können wir als fortschreitende Heiligung bezeichnen.

Brooke Westcott fasst die Bedeutung der drei Verben zusammen, indem er erklärt: „Das neue Leben wird durch drei Vorgänge verwirklicht: das Ablegen des *alten Menschen,* die Erneuerung der geistlichen Kraft und das Anziehen des *neuen Menschen*. Das erste und dritte geschehen ein für allemal … und das zweite und dritte sind miteinander verbunden … sodass die entscheidende Veränderung Schritt für Schritt durch eine zunehmende geistliche Urteilskraft wahrzunehmen ist."[24]

Beachten wir die gute Nachricht des obigen Abschnittes des Epheserbriefes: Gott rettet uns nicht nur von der Strafe der Sünde (siehe Eph 2,8; Rö 6,23), sondern er befreit uns auch von der Macht und Herrschaft der Sünde in unserem Leben. Der große Reformator Johannes Calvin bemerkt: „Wer nicht anders lebt als Ungläubige, hat nichts von Christus begriffen; denn ihn kennen zu lernen lässt sich nicht vom Abtöten des Fleisches trennen."[25]

Was Calvin als „Abtöten des Fleisches" bezeichnet, ist dasselbe, was Paulus in einigen seiner Briefe mit dem Ablegen des alten Men-

---

[23] So im Griechischen: Es handelt sich um einen Infinitiv Präsens, der eine wiederholte oder andauernde Handlung ausdrückt. (Anm. des Lektors)

[24] Brooke Foss Westcott: *Saint Paul's Epistle to the Ephesians*. S. 67.

[25] Johannes Calvin: *The Epistles of Paul the Apostle to the Galatians, Ephesians, Philippians and Colossians*, S. 189.

schen bzw. der alten Natur meint. Dabei ist wichtig zu erkennen, dass „nicht nur bestimmte Laster abgelegt werden sollen, sondern der ganze *alte Mensch*, der ein von Sünde beherrschtes Leben geführt hat".[26] An anderen Stellen bezieht sich Paulus auf diese Erfahrung mit Formulierungen wie: „Unser alter Mensch ist mit [Christus] gekreuzigt", wir sind ähnlich wie er auferweckt worden und „wandeln [jetzt] in einem neuen Leben" (Rö 6,4-6 LB). Oder: „Wenn jemand in Christus ist, so ist er eine neue Schöpfung; das Alte ist vergangen, siehe, Neues ist geworden." (2 Ko 5,17 EB) Jesus selbst sprach von einer Neugeburt durch den Geist Gottes (siehe Jo 3,5-8).

Der Grundgedanke des obigen Abschnittes ist eindeutig. Als Christen liebäugeln wir nicht mehr mit den Sünden unseres alten Lebens, weil wir Christus begegnet sind und uns ihm übergeben haben. Er erneuert ständig unser Denken und unsere Einstellungen und versetzt uns dadurch in die Lage, immer genauer nach den Prinzipien seines Reiches zu leben. Er möchte, dass jeder von uns und die Gemeinde insgesamt immer mehr in der Liebe zunehmen (siehe Eph 4,2.16) und dadurch dem Vater ähnlicher werden.

16. Einzelne Verhaltensweisen im christlichen Leben

Epheser 4,25-31

25 Deshalb legt die Lüge ab und redet Wahrheit, ein jeder mit seinem Nächsten! Denn wir sind untereinander Glieder. 26 Zürnet, und sündigt (dabei) nicht! Die Sonne gehe nicht unter über eurem Zorn, 27 und gebt dem Teufel keinen Raum! 28 Wer gestohlen hat, stehle nicht mehr, sondern mühe sich vielmehr und wirke mit seinen Händen das Gute, damit er dem Bedürftigen (etwas) mitzugeben habe! 29 Kein faules Wort komme aus eurem Mund, sondern nur eins, das gut ist zur notwendigen Erbauung, damit es den Hörenden Gnade gebe! 30 Und betrübt nicht den Heiligen Geist Gottes, mit dem ihr versiegelt worden seid auf den Tag der Erlösung

[26] O'Brien, a. a. O., S. 284.

hin! 31 Alle Bitterkeit und Wut und Zorn und Geschrei und Lästerung sei von euch weggetan, samt aller Bosheit!

Deshalb ist ein Schlüsselbegriff in Vers 25. Er weist auf den Wechsel hin von der Erläuterung der theologischen Grundlage für das neue Leben in Christus zu praktischen Ermahnungen dafür. „Der Gedankengang bewegt sich von der erhabenen Höhe der Erkenntnis Christi und der neuen Schöpfung hin zum Wesentlichen des Verhaltens eines Christen."[27]

Im obigen Abschnitt nennt der Apostel fünf wichtige Verhaltensweisen, denen drei Gesichtspunkte gemeinsam sind, wie John Stott erklärt: Erstens geht es bei allen um die Beziehung zu anderen Menschen. „Heiligkeit ist kein mystischer Zustand, den man in Verbindung mit Gott und in Isolation von Menschen erlebt. In einem Vakuum kann man nicht gut sein, sondern nur in der realen Welt von Menschen."[28]

Als zweites verbindet Paulus stets ein negatives Verbot mit einer positiven Aufforderung. „Es genügt nicht, die alten Kleider abzulegen; wir müssen auch die neuen anziehen. Es genügt nicht, das Lügen und Stehlen aufzugeben und nicht mehr unbeherrscht zu sein, wenn wir nicht zugleich anfangen, die Wahrheit zu sagen, fleißig zu arbeiten und freundlich mit unseren Mitmenschen umzugehen."[29] Im Gegensatz zu der vielfach in Adventgemeinden vertretenen Meinung ist es noch keine Tugend, wenn jemand dieses und jenes verkehrte Verhalten aufgegeben hat. Das Christenleben hat mit Positivem zu tun und nicht bloß mit der Abwesenheit von Negativem. Als Christen müssen wir notwendigerweise negative Verhaltensweisen aufgeben und in positiver Weise und vor allem in Liebe auf unsere Mitmenschen zugehen.

Als dritter gemeinsamer Faktor wird bei allen fünf angeführten Verhaltensweisen ein theologischer Grund für das Gebot angegeben

---

[27] O'Brien, a. a. O., S. 334.
[28] Stott, a. a. O., S. 184.
[29] Ebd.

oder impliziert. „Denn in der Unterweisung Jesu und seiner Apostel sind Lehre und Ethik, Glaube und Leben immer aufeinander abgestimmt."[30]

1. Ermahnung: *[Nachdem ihr] die Lüge abgelegt [habt] ... redet Wahrheit, ein jeder mit seinem Nächsten, denn wir sind untereinander Glieder.* (V. 25)

Die griechische Aktionsform des Verbs ***ablegen*** ist dieselbe wie in Vers 22 (Aorist) und bezeichnet dasselbe einmalige Geschehen in der Vergangenheit.[31] Dies kommt in deutschen Übersetzungen leider nicht zum Ausdruck. Die Christen in Ephesus und Umgebung hatten bereits beim Ablegen des *alten Menschen* (V. 22) auch das *Lügen* gelassen. Das ist gut! Schließlich ist es nicht leicht, in einer Gesellschaft, in der Unehrlichkeit grassiert, wirklich ehrlich zu sein. Das ist heutzutage vielleicht noch schwieriger als damals, wo viele in der Versuchung stehen, ihre Steuererklärung oder Spesenabrechnung zu frisieren.

Während Paulus zwar davon ausgeht, dass es den Empfängern des Briefes gelungen war, in einem gewissen Ausmaß den negativen Bereich zu verlassen und *die Lüge abzulegen,* impliziert er durch seine Ermahnung doch, dass sie in der positiven Pflicht, ***mit [ihren] Nächsten ... die Wahrheit zu reden,*** zu kurz gekommen sind.

Hier wird deutlich: Das Positive zu tun ist immer schwieriger, als das Negative zu vermeiden. Warum ist das so? Weil die Grenzen des Negativen endlich sind, die des Positiven aber unendlich. Ich kann zum Beispiel ohne weiteres wissen, wann ich aufgehört habe, meine Frau zu schlagen, aber nicht wissen, wann ich sie ausreichend geliebt habe. Tatsache ist: Die Liebe lässt sich immer weiter entwickeln. Ich kann nie sagen: *Ich habe genug geliebt; jetzt kann ich aufhören zu lieben und nur noch ich selbst sein.* Die positiven Tugenden haben keine Grenzen. Und echte Christen werden erst dann zufrieden sein, wenn ihr ganzes Wesen von den christlichen Tugenden geprägt ist. Das meinte Paulus mit seiner Aussage, Christen hätten

30 Ebd.
31 Siehe Dietzfelbinger zur Stelle, a. a. O., S. 844.

den alten Menschen abgelegt und *den neuen angezogen* (V. 22.24). Der neue Mensch in Christus ist davon gekennzeichnet, dass Gottes Gesetz der Liebe in sein Herz geschrieben ist (siehe Hbr 8,10; Gal 5,14; Rö 13,8-10).

Als theologische Begründung dafür, *die Wahrheit zu reden*, gibt Paulus an: ***Denn wir sind untereinander Glieder***. Hier deutet er wieder auf ein grundlegendes Thema im Epheserbrief hin, die Notwendigkeit der Einheit im Leib Christi (siehe Eph 4,4-6; 2,14-17). Darum hätte ich diesem Teil meines Kommentars beinahe die Überschrift gegeben: „Grundsätze zum Ausleben des Geheimnisses" (siehe Kap. 3,3-6).

2. Ermahnung: ***Zürnet und sündigt (dabei) nicht***. (V. 26) Hierin steckt eine gute Nachricht: Es ist in Ordnung, zornig zu sein, zumindest über einige Dinge. Immerhin war auch Jesus entrüstet, als er sich eine Peitsche machte, um die Geldwechsler aus den Tempelhöfen zu treiben (siehe Jo 2,15). Und solcher Zorn angesichts der Ungerechtigkeit des Sklavenhandels und der Sklaverei, wie ihn viele Christen und auch Adventisten im 19. Jahrhundert in den USA zum Ausdruck brachten, führte schließlich dazu, dass beides abgeschafft wurde. Christen von heute müssen über die Unterdrückung der Armen und über die unnötige Zerstörung der Umwelt entrüstet sein. Es ist unsere christliche Pflicht, über jede Ungerechtigkeit zornig zu sein. Es gibt nicht genug christlichen Zorn in der Welt. Wir Christen sind zu selbstzufrieden.

Doch Paulus gibt deutlich zu verstehen, dass nicht jeder Zorn gut, berechtigt oder hilfreich für die Gemeinde ist. Meistenteils ist er eine Sünde. Selbstsüchtiger Zorn, Verdrießlichkeit und Wutausbrüche sind immer falsch. Deshalb spricht der Apostel zwei Warnungen aus.

Die erste ist ein Zitat aus Psalm 4,5: ***Lasst die Sonne nicht über eurem Zorn untergehen*** (Eph 4,26 LB), d. h.: „Geh' nicht zornig zu Bett."[32] Das bedeutet nicht, dass wir berechtigt sind, bis zum Schlafengehen zornig zu sein, sondern wir sollten unseren Ärger so bald wie möglich klären. Andrew Fuller meint dazu: „Halten wir uns

[32] Eugene H. Petersen, *The Message*, Eph 4,26.

lieber daran, was der Apostel meint, als an das, was er sagt ... Nehmen wir ihn nicht so wörtlich, dass wir uns erst bei Sonnenuntergang von unserem Zorn zu verabschieden brauchen. Dann kann unser Zorn sich nämlich mit den Tagen ausdehnen und Männer in [Nord-]Grönland, wo sich der Sommertag über ein Vierteljahr lang hinziehen kann, hätten viel Zeit zur Rache."[33]

Um unserer Nachbarschaft, unserer Gemeinde, unserer Ehe und unser selbst willen müssen wir die Ermahnung des Apostels ernst nehmen. Es mag uns schwer fallen, unseren Stolz abzulegen, aber wir können uns vor vielen Problemen bewahren, wenn wir unseren von Selbstsucht geprägten und um uns selbst kreisenden Zorn nicht erst eitern lassen. Das ist ein Grundsatz, den du und ich gleich in die Praxis umsetzen können: Heute und jeden Tag sollten wir nicht später als zur Schlafenszeit (früher wäre besser) Dinge in Ordnung bringen. Tun wir es nicht, ***geben*** wir ***dem Teufel*** zuviel ***Raum*** in unserem Leben – und das ist sehr gefährlich.

3. Ermahnung: ***Wer gestohlen hat, stehle nicht mehr, sondern mühe sich vielmehr und wirke mit seinen Händen das Gute, damit er dem Bedürftigen (etwas) mitzugeben habe***. (V. 28)

Im Griechischen lautet der Versanfang wörtlich: „Der Stehlende stehle nicht länger." Ein Dieb, der nicht mehr stiehlt, ist offensichtlich kein Dieb mehr. Und wenn er kein Dieb mehr ist, muss er etwas anderes sein. Genau das geschieht mit uns, wenn wir Christen werden. Die Kraft des Evangeliums verändert uns (siehe Rö 12,2) und macht aus uns neue Menschen (siehe 2 Ko 5,17).

Natürlich ist die negative Aussage, wie in allen Ermahnungen des Apostels in Epheser 4,25-31, nur die erste Stufe. Die echte Umwandlung des Christen endet stets im positiven Verhalten. Daher wird der ehemalige Dieb aufgefordert, *seinen Lebensunterhalt durch eigene Arbeit zu verdienen und zuzusehen, dass er auch noch etwas für die Armen übrig hat* (V. 28 GNB). Ein Christ, der früher gestohlen hat, ist also nicht einfach ein Ex-Dieb, sondern so etwas wie ein Anti-Dieb: Er nimmt nichts mehr unrechtmäßig, sondern gibt ande-

[33] Zitiert in Larry J. Kreitzer: *The Epistle to the Ephesians*, S. 143.

ren etwas ab. Das ist die verändernde Kraft der Liebe und Gnade Gottes. Solche Art von Wunder will Gott in jedem von uns bewirken. Der Herr möchte nichts lieber, als unsere schlimmsten Untugenden in vorherrschende Tugenden zu verwandeln. Das ist ein wesentlicher Teil des Evangeliums, wie Paulus es versteht.

4. Ermahnung: ***Kein faules Wort komme aus eurem Mund, sondern nur eins, das gut ist zur … Erbauung.*** (V. 29) Das müssen wir uns alle zu Herzen nehmen, denn schließlich ist nichts schwieriger unter Kontrolle zu halten als die Zunge, wie Jakobus betont (siehe Jak 3,5-8). Bezogen auf das Hauptthema des Epheserbriefes bedeutet dies: Nichts zerstört die Einheit der Gemeinde so sehr wie eine lose Zunge. Doch auch in diesem Bereich ist Gott ein Spezialist in der Umwandlung unserer Probleme in Tugenden, wenn wir ihm Gelegenheit dazu geben. Er kann selbst unsere unbeherrschte Zunge nehmen und sie zu einem Instrument des Segens machen, sodass unser Reden *denen wohl tut, die es hören* (V. 29 GNB).

5. Ermahnung: ***Alle Bitterkeit und Wut und Zorn und Geschrei und Lästerung sei von euch weggetan samt aller Bosheit.*** (V. 31) In diesem Vers werden viele Dinge zusammengefasst. Gott will unser Leben nicht nur teilweise oder größtenteils reinigen und umwandeln, sondern uns völlig erneuern. Echte Christen können sich keinesfalls dabei gut fühlen, wenn es in ihrem Leben Inseln der Bosheit gibt. Wenn wir den Heiligen Geist wirken lassen, der uns [*ständig*] *durch und durch erneuern will* (V. 23 Hfa), wird er jeden Winkel unseres Lebens erfassen und unsere Untugenden eine nach der anderen in Tugenden verwandeln.

Natürlich haben wir stets die Möglichkeit, das Werben und die Führung des Geistes abzulehnen. Wenn wir das jedoch tun, ***betrüben*** wir ***den Heiligen Geist Gottes, mit dem*** wir ***versiegelt worden sind auf den Tag der Erlösung hin*** (V. 30). Das ist eine wichtige Aussage. Gott *versiegelt* uns bereits mit einem Zeichen für die *endgültige Erlösung* (GNB), wenn wir Christen werden. Das ist, als würde der Heilige Geist uns einen Stempel aufdrücken, der besagt, dass wir Gottes Eigentum sind und er uns zu sich nehmen will, wenn Jesus wiederkommt. Das ist wirklich eine gute Nachricht.

Aber gute Nachrichten haben in einer sündigen Welt immer eine Kehrseite. Paulus schreibt, dass wir den Geist ***betrüben*** können. Das tun wir, wie der Zusammenhang zeigt, wenn wir uns weigern, uns vom ihm führen und umwandeln zu lassen. Er wirkt auf unser Gewissen ein und warnt uns vor Sünde, aber wir können seine umwandelnde Kraft ablehnen. Wenn wir das fortgesetzt tun, kann das dazu führen, dass der Geist uns nicht mehr erreichen kann.[34]

Die einfache und klare Wahrheit ist: Gott ist bereit und in der Lage, unser von Selbstsucht und Bosheit geprägtes Leben in ein selbstloses und von Liebe bestimmtes Leben umzuwandeln, wenn wir es ihm gestatten und eine enge Verbindung mit ihm pflegen. Lehnen wir das ab, wird er uns nie zwingen. Doch wir können uns sicher sein: Im Himmel wird es keine Lügner, keine aus Selbstsucht zornigen Menschen und keine Diebe geben (siehe Offb 21,8.27; 22,15; vgl. 1 Ko 6,9.10). Sie würden dort nicht glücklich sein und den Himmel für alle anderen ruinieren. Darum liegt Gott so viel daran, dass wir ihn an uns wirken lassen, um unser selbstsüchtiges Wesen abzulegen, und uns derart verändern lassen, damit wir als Werkzeuge seiner Liebe für ihn wirken können.

17. In Liebe wandeln

Epheser 4,32; 5,1.2

32 Seid aber zueinander gütig, mitleidig, und vergebt einander, so wie auch Gott in Christus euch vergeben hat! 1 Seid nun Nachahmer Gottes als geliebte Kinder! 2 Und wandelt in Liebe, wie auch der Christus uns geliebt und sich selbst für uns hingegeben hat als Opfergabe und Schlachtopfer, Gott zu einem duftenden Wohlgeruch!

---

[34] In *Das Leben Jesu* bzw. *Der Eine – Jesus Christus (1995f.)* schreibt Ellen G. White: „Niemand verhärtet so sehr wie ein Mensch, der die Einladung der Gnade missachtet und ihrem Geiste trotzt. Das verbreitetste Merkmal der Sünde gegen den Heiligen Geist ist die beharrliche Missachtung der Aufforderung des Himmels zur Buße." S. 315.

Seid Nachahmer Gottes! Wie anmaßend! Wer sind wir, dass wir versuchen könnten, wie der Gott des Universums zu handeln? Oder – mehr zum Punkt: Da er der Herr des Himmels ist und wir Sünder sind, wie können wir da ***in allem seinem Vorbild folgen*** (Eph 5,1 Hfa)?

Wir müssen von vornherein klarstellen: In den meisten Bereichen können wir Gott nicht nachahmen! Das ist für Menschen unmöglich. Nehmen wir beispielsweise seine Herrlichkeit: Kein Mensch kann sie je erlangen. Und ebenso wenig Gottes Ewigkeit. Er hat ja bereits ewige Zeiten in der Vergangenheit existiert. Niemand kann jemals die Eigenschaften des ewig Seienden „Ich bin" haben (2 Mo 3,14 EB).

Natürlich können wir auch nicht Gottes Allmacht, Allgegenwart oder Allwissenheit nachahmen. Diese Merkmale sind allein seine Eigenschaften. Es ist eine Tatsache: Gott ist so völlig anders als wir, dass wir in keiner Weise die meisten seiner wesentlichen Eigenschaften nachahmen können. Vielleicht ist deshalb Epheser 5,1 „die einzige Stelle in der Bibel, wo das kühne Wort *Nachahmer* auf die Beziehung des Menschen zu Gott angewandt wird".[35]

Und dennoch liegt der Gedanke, Gott nachzuahmen, „der gesamten Lehre des Neuen Testamentes über das Thema des christlichen Charakters und Verhaltens zugrunde", hebt Alexander MacLaren hervor. „Wie Gott zu sein und sich vorzunehmen, ihm zu ähneln, ist die Summe all unserer Pflicht; und in dem Maß, wie wir uns diesem Ziel nähern, gelangen wir zur Vollkommenheit."[36]

Im moralischen Bereich können wir Gott ähnlich sein, wie die Aufforderung *Wandelt in Liebe* zeigt. In diesem Bereich können wir Gott widerspiegeln. „Können" ist jedoch dafür ein zu weiches Wort. Die Botschaft des Epheserbriefes und des gesamten Neuen Testamentes ist: Wir *müssen* Gott darin ähneln, andere Menschen zu lieben. Christ zu sein bedeutet vor allem, Gottes Liebe auszuleben. Darum hat Paulus auch bezüglich des Christenlebens im bisher

---

[35] Alexander MacLaren: *Ephesians*, S. 270.
[36] Ebd., S. 270f.

besprochenen Teil des Epheserbriefes so oft das Wort *Liebe* verwendet (siehe Kap. 1,4.15; 3,17; 4,2.15.16).

Abgesehen von der Anwendung des Wortes geht er im unmittelbaren Zusammenhang von Epheser 5,1.2 auf diese Tugend ein. So lesen wir beispielsweise in Kap. 4,31.32 von Tugenden der Liebe wie ***Güte, Mitleid und Vergebung***, die bei jedem, der Jesus angenommen hat, an die Stelle von *Bitterkeit, Wut, Zorn, Aufbrausen (GNB) und Lästerung* treten sollen. Und *in der Agape-Liebe zu wandeln* ist auch in den folgenden Ermahnungen des Apostels das zentrale Anliegen, bis er ausdrücklich dazu auffordert, *die Männer sollen ihre Frauen lieben, wie … Christus die Gemeinde geliebt und sich selbst für sie hingegeben hat* (siehe Kap. 5,28.25).

Epheser 5,1.2 ist also eine Art Scharnier, das die Aufforderungen zu einem Leben im Heiligen Geist in der zweiten Hälfte von Kapitel 4 und die weiteren Gebote hinsichtlich des Christenlebens in den Kapiteln 5 und 6 miteinander verbindet. Mitten im ethischen Teil des Epheserbriefes steht die Aufforderung des Apostels in den ersten beiden Versen von Kapitel 5: *Seid Nachahmer Gottes*, indem ihr ***in Liebe wandelt***.

Die zentrale Stellung dieser Aufforderung braucht uns nicht zu verwundern. Schließlich schreibt der Apostel Johannes, dass die Essenz des Charakters Gottes die Agape-Liebe ist: „Gott ist Liebe." Im selben Vers gibt er zu bedenken: „Wer nicht liebt, hat Gott nicht erkannt." (1 Jo 4,8 EB) Auch Jesus lehrte die zentrale Stellung dieser Art Liebe, als er sagte, das ganze Gesetz ließe sich in den Aufforderungen zusammenfassen, Gott mit „ganzem Herzen … ganzer Seele und mit [unserem] ganzem Verstand" zu lieben und seinen „Nächsten … wie sich selbst" (Mt 22,37-40 EB). Denselben Gedanken drückt Paulus auch in Galater 5,14 und Römer 13,8-10 aus.

Aber wir müssen fragen, was er in Epheser 5,2 meint, wenn er seine Leser auffordert: *Wandelt in Liebe.* Schließlich ist *Liebe* heutzutage ein Wort mit vielen Bedeutungen. Auch hierbei bietet der Zusammenhang die Antwort: Wir sollen lieben, *wie Christus uns geliebt und sein Leben für uns gegeben hat, als eine Opfergabe, an der Gott Gefallen hatte* (V. 2 GNB). Dieser Vers verbindet zwei

Gedanken miteinander: Zum einen geht es um eine Aussage zur Lehre von der Versöhnung, zum andern darum, wie diese Lehre uns als Christen in unserem Alltag beeinflussen soll. Für Paulus sind Lehre und Leben untrennbar miteinander verbunden. Das Verhalten eines Christen ergibt sich aus seinem Verständnis der christlichen Lehre. Und eine der zentralen Lehraussagen des Neuen Testamentes ist die vom Sühnopfer Christi für die Sünden.

In seinen Ausführungen über die Sühne greift Paulus drei wichtige Gedanken auf. Erstens: ***Christus hat uns geliebt und hat sich selbst für uns gegeben*** (LB). Alles, was Jesus für uns getan hat, hat er aus Liebe getan. Er war nicht passiv in seiner Selbstaufopferung. Die Bibel lehrt nicht, dass der Sohn Gottes durch irgendetwas gezwungen war, Mensch zu werden und am Kreuz zu sterben. Er hat vielmehr *sich selbst gegeben*. „Darum liebt mich der Vater, weil ich mein Leben lasse, um es wieder zu nehmen. Niemand nimmt es von mir, sondern ich lasse es von mir selbst", sagte er einmal (Jo 10,17.18 LB).

Also war Christus bei der Sühne unserer Schuld nicht passiv. Er drückte seine Liebe dadurch aus, dass er *sich selbst für uns hingab.* Wir können die Größe seiner Gabe und die Tiefe seiner Liebe erst dann recht schätzen, wenn wir die biblische Lehre von der Sünde verstehen. Es wäre logisch, wenn Christus sich für die als Opfer hingegeben hätte, die gute Menschen waren und sich stets bemühten, das Rechte zu tun. Doch das lehrt Paulus nicht. In Römer 5,8 sagt er zum Beispiel, dass Jesus ans Kreuz ging, „als wir noch Sünder waren". Ein unbekehrter Sünder rebelliert gegen Gott, er ist sein „Feind" (V. 10). Das Wunder der Gabe Christi besteht darin, dass sie denen galt, die sich gegen ihn auf- oder ihn ablehnten. Nur wenn uns das bewusst ist, können wir die Größe seines Opfers besser verstehen und die Liebe annähernd ermessen, die ihn dazu bewogen hat.

Und was hat der Sohn Gottes für uns aufgegeben? Als Erstes hat er seinen Platz im Himmel verlassen und ist durch seine Menschwerdung einer von uns geworden. Paulus erläuterte im Philipperbrief: „Er gab alle seine Vorrechte auf und wurde einem Sklaven gleich. Er wurde ein Mensch in dieser Welt und teilte das Leben der Menschen. Im Gehorsam gegen Gott erniedrigte er sich so tief, dass er sogar den Tod auf sich nahm, ja, den Verbrechertod am Kreuz." (Phil 2,7.8 GNB).

Das bringt uns zu dem zweiten wichtigen Gedanken in Epheser 5,2. Christus hat uns nicht nur in einem allgemeinen Sinn geliebt, sondern in einem ganz speziellen: Er ***hat sich selbst für uns gegeben als Gabe und Opfer*** (LB). Das ***für uns*** bedeutet, dass es um unsertwillen, zu unseren Gunsten geschah. Christus wurde an unserer Stelle zum Opfer; er wurde unser Stellvertreter. Dies beschreibt Ellen White in eindrucksvoller Weise: „Christus wurde so behandelt, wie wir es verdient haben. Damit wollte er erreichen, dass uns die Behandlung zuteil würde, die eigentlich ihm zukam. Er wurde um unserer Sünde willen, an der er keinen Teil hatte, verdammt, damit wir durch seine Gerechtigkeit, an der wir keinen Teil haben, gerechtfertigt würden. Er erlitt den Tod, den wir hätten erleiden müssen, damit wir sein Leben empfangen konnten. Durch seine Wunden sind wir geheilt."[37]

Wir können Epheser 5,2 nur dann völlig begreifen, wenn wir den Text vom Alten Testament her verstehen. Wenn Paulus sagt, Christus habe sich ***Gott zu einem duftenden Wohlgeruch*** hingegeben, bedient er sich einer Ausdrucksweise, die dem jüdischen Opfersystem entstammt, wie es im dritten Buch Mose dargestellt wird. Ein Sündopfer bestand im Allgemeinen aus einem Tier, das auf dem Altar der Stiftshütte bzw. des Tempels geopfert wurde. Das geschlachtete Tier empfing die Strafe, die für die Sündenschuld des Menschen anstand. Das heißt, das Tier wurde symbolisch zum Stellvertreter für schuldige Sünder. Aber nur symbolisch. Tatsächlich wiesen alle Opfer auf den künftig erscheinenden Messias hin, der „ein für allemal" für die Sünden der Menschen auf Golgatha sterben sollte (Hbr 7,27; vgl. 9,26.27; 10,10.12.14). Johannes der Täufer verstand das, denn er zeigte einmal auf Jesus und rief: „Seht dort das Opferlamm Gottes, das die Schuld der ganzen Welt wegnimmt." (Jo 1,29 GNB)

[37] Ellen G. White: *Das Leben Jesu* bzw. *Der Eine – Jesus Christus (1995f.)*, S. 15.

Den Aspekt der Stellvertretung drückt Paulus in Galater 3 explizit aus: Alle, die gesündigt haben, stehen wegen ihrer Gesetzesübertretung unter dem „Fluch" des Gesetzes (V. 10). „Von diesem Fluch des Gesetzes hat uns Christus erlöst. Als er am Kreuz starb, hat er diesen Fluch auf sich genommen." (V. 13 Hfa) In 2. Korinther 5,21 stellt Paulus den Gedanken der Stellvertretung ein wenig anders dar: „Gott hat Christus, der ohne Sünde war, an unserer Stelle als Sünder verurteilt, damit wir durch ihn vor Gott als gerecht bestehen können." (GNB)

Das stellvertretende Opfer Christi spielt in beiden Testamenten eine zentrale Rolle. Es ist ein unverzichtbarer Teil der christlichen Lehre, denn es ist das Fundament des Erlösungsplans. Wenn das Opfer Jesu ein *duftender Wohlgeruch* war, bedeutet das: Gott nahm das Opfer an (siehe 1 Mo 8,21).

Das bringt uns zum dritten wichtigen Gedanken in Epheser 5,2: Wir, die wir Christus angenommen haben, sollen ***in Liebe wandeln, wie auch Christus uns geliebt hat.*** *Wie* ist hier das entscheidende Wort. D. Martyn Lloyd-Jones erläutert: „Das Gebot ist eindeutig. Unsere Liebe muss von der Liebe des Herrn Jesus ausgehen und mit ihr übereinstimmen."[38] Oder wie ein anderer Verfasser sagt: „Weil er für uns sein Leben gelassen hat, sollen wir andere bis zu dem Maß lieben, dass es ein Opfer bedeutet."[39] Eugene Petersen umschreibt in anschaulicher Weise den ethischen Gehalt von Epheser 5,2 wie folgt: „Achte darauf, was Gott tut, und dann tue du es, wie Kinder das richtige Verhalten von ihren Eltern lernen. Das, was Gott vor allem tut, ist, dich zu lieben. Halte dich an ihn und lerne es, ein Leben der Liebe zu führen."[40] Gottes aufopfernde Liebe ist die Grundlage der christlichen Ethik. Auf dieser Grundlage sollen wir durch die umwandelnde und Kraft verleihende Gabe des Heiligen Geistes unser Leben führen.

---

[38] D. Martyn Lloyd-Jones: *Darkness and Light. An Exposition of Ephesians 4:17-5:17*. S. 311.

[39] A. Skevington Wood: „Ephesians." In: Frank E. Gaebelein (Hg.): *The Expositor's Bible Commentary*, S. 66.

[40] Petersen, a. a. O., Eph 5,2.

18. Im Licht wandeln (Teil 1)

Epheser 5,3-14

3 Unzucht aber und alle Unreinheit oder Habsucht sollen nicht einmal unter euch genannt werden, wie es Heiligen geziemt; 4 auch Unanständigkeit und albernes Geschwätz und Witzelei, die sich nicht geziemen, statt dessen aber Danksagung. 5 Denn dies sollt ihr wissen und erkennen, dass kein Unzüchtiger oder Unreiner oder Habsüchtiger – er ist ein Götzendiener – ein Erbteil hat in dem Reich Christi und Gottes. 6 Niemand verführe euch mit leeren Worten! Denn dieser Dinge wegen kommt der Zorn Gottes über die Söhne des Ungehorsams. 7 Seid also nicht ihre Mitteilhaber! 8 Denn einst wart ihr Finsternis, jetzt aber (seid ihr) Licht im Herrn. Wandelt als Kinder des Lichts 9 – denn die Frucht des Lichts (besteht) in lauter Güte und Gerechtigkeit und Wahrheit –, 10 indem ihr prüft, was dem Herrn wohlgefällig ist. 11 Und habt nichts gemein mit den unfruchtbaren Werken der Finsternis, sondern stellt sie vielmehr bloß! 12 Denn was heimlich von ihnen geschieht, ist selbst zu sagen schändlich. 13 Alles aber, was bloßgestellt wird, das wird durchs Licht offenbar; 14 denn alles, was offenbar wird, ist Licht. Deshalb heißt es: „Wache auf, der du schläfst, und stehe auf von den Toten! und der Christus wird dir aufleuchten!"

Als Kindes des Lichts zu wandeln war noch nie leicht. Das trifft sicher auf die sexuelle Moral zu. William Barclay schreibt: „Die antike Welt sah sexuelle Unmoral als so leicht an, dass sie nicht als Sünde galt. Es wurde erwartet, dass Männer eine Geliebte hatten. In Städten wie Korinth gab es in den Tempeln Hunderte von Priesterinnen, die zugleich ‚heilige' Prostituierte waren. Ihre Einkünfte dienten zur Bestreitung der Unterhaltskosten des Tempels … Nichts veranschaulicht den griechischen Standpunkt besser als die Tatsache, dass die Griechen nichts Böses darin sahen, den Göttern aus den Einnahmen der Prostitution Tempel zu errichten."[41] Clinton Arnold erklärt: „Ehebrecherische Beziehungen, Männer, die mit jungen Sklavinnen schliefen, Inzest, Homosexualität, Prostitution und ‚heilige' sexuelle Begegnungen in den Tempeln vor Ort gehörten zum Alltag in jener Kultur."[42]

Paulus stand vor der schwierigen Aufgabe, die sexuellen Einstellungen und Verhaltensweisen der Heiden, denen er das Evangelium verkündete, zu reformieren. Die neu bekehrten Christen kamen aus einer Welt mit einer verdorbenen Sexualethik. Ihre Reform gehörte zu den bedeutendsten Veränderungen, die die junge Christenheit zuwege brachte. William Barclay bemerkt: „Keuschheit war die neue Tugend, die das Christentum in die Welt einführte."[43]

Doch das war alles andere als einfach. Darum musste Paulus so oft in seinen Briefen dieses Thema behandeln, wie in Epheser 5,3, wo er abrupt seine Ausführungen über „die sich hingebende Opferliebe Jesu abbricht und zur Perversion der Liebe durch Ehebruch und sexuellen Missbrauch übergeht".[44] Die Anziehungskraft der alten Lebensweisen war für die Empfänger der Paulusbriefe groß. ***Unzucht aber und alle Unreinheit oder Habsucht sollen nicht einmal unter euch genannt werden***, schrieb er. Zum Begriff ***Unzucht*** erklärt C. Leslie Mitton: „Das griechische Wort *porneia* [von dem der Begriff Pornographie abgeleitet ist] bezeichnet ein weites Spektrum sexueller Übel und bezieht sich im christlichen Zusammenhang auf jede Art von sexueller Befriedigung außerhalb der permanenten Beziehung der Ehe und auf alle Umstände, in denen die sexuelle Begierde nur dem eigenen Vergnügen dient, ohne dass Verantwortung und Fürsorge für den Partner wahrgenommen werden. *Unreinheit* schließt sexuelle Perversionen verschiedener Art ein."[45]

Vielen Lesern ist die scheinbar seltsame Erwähnung von ***Habsucht*** in einer Auflistung von Lastern aufgefallen, die sich auf sexuelle Sünden beziehen. Paulus dachte dabei vermutlich an das

---

[41] Barclay, a. a. O., S. 168f. (Übersetzung nach dem Originaltext auf S. 191 vom Lektor verbessert.)
[42] Clinton E. Arnold, „Ephesians", a. a. O., S. 329.
[43] William Barclay, *The Letters to the Galatians and Ephesians*, S. 191; vgl. ders.: *Brief an die Galater / Brief an die Epheser*, S. 168.
[44] Francis Foulkes: *The Letter of Paul to the Ephesians*, S. 148.
[45] Mitton, C. Leslie: *Ephesians*. S. 178.

Begehren des Körpers eines anderen Menschen zur eigenen Befriedigung. Solche Dinge ***sollen nicht einmal unter euch genannt werden,*** sagt er – sicher deshalb, weil das Denken und Reden darüber uns nur darauf bringt, diese Sünden auch zu begehen.

Weiter warnt Paulus, ***gemeine, dumme oder schlüpfrige Reden zu führen*** (V. 4 GNB), bzw. vor ***Klatsch, Sticheleien und zweideutigem Gerede*** (Hfa). Offenbar machte die Gesellschaft Gottes Geschenk der Sexualität dadurch schlecht, dass man darüber Witze machte oder abfällig sprach. Paulus empfahl als Gegenmittel: ***Benutzt eure Zunge lieber, um Gott zu danken!*** (GNB)

Die Anweisungen des Apostels an die Christen sind heutzutage leider noch ebenso nötig wie damals. Das Christentum bewirkte in der Veränderung der kulturellen Ansichten über den Umgang mit der Sexualität einen großen Schritt nach vorn, aber durch die „sexuelle Revolution" in den 60er- und 70er-Jahren des letzten Jahrhunderts sind Menschen in der westlichen Welt zu einer Art Neuheidentum zurückgekehrt, das unsere Kultur wieder den sexuellen Anschauungen der griechisch-römischen Welt geöffnet hat. Man braucht sich nur die Unterhaltungsindustrie als Beispiel ansehen: Sehr oft ist die Mischung von Gewalt und illegitimem Sex der Weg zum Erfolg für Produzenten und Regisseure.

Es ist ein Trauerspiel der Christenheit, dass auch viele Gemeindeglieder den Schund in den Medien konsumieren. Vielleicht hat sich die Situation nicht so verändert, wie es sein sollte. Die Tatsache, dass die damaligen Christen „immer noch wegen solcher Unmoral ermahnt werden mussten, zeigt, wie stark in einer heidnischen Umwelt die Versuchung war, ihr selbst noch nach der Bekehrung zu erliegen", meint Frederik Bruce.[46] Und Peter O'Brien stellt bedauernd fest: „Allzu leicht lassen sich gläubige Menschen von ihrer Umwelt beeinflussen und beugen sich allzu bereitwillig ihrem Denken und Verhalten. Infolgedessen wird das, was in der Gesellschaft akzeptabel ist, auch immer mehr in der Gemeinde akzeptiert."[47]

---

[46] Frederik F. Bruce: *The Epistles to the Colossians, to Philemon, and to the Ephesians*, S. 371.
[47] O'Brien, a. a. O., S. 364.

Paulus gibt daher in Epheser 5,5-7 einige „Anreize" zur Rechtschaffenheit für Christen. Er schreibt: ***Ihr müsst wissen: Wer Unzucht treibt, ein ausschweifendes Leben führt oder von Habgier erfüllt ist ... für den ist kein Platz in der neuen Welt.*** (GNB) Hier spricht er nicht jene an, die ihre eigenwilligen Gedanken oder Taten bereuen, sondern alle, die unmoralisches Denken und Handeln als ihren Lebensstil pflegen. Wer bei einer solchen sexuellen Untugend des Herzens und des Denkens bleibt, wird sich Gottes ***Strafgericht zuziehen***, sagt Paulus (V. 6 GNB).

Die biblischen Verfasser zögerten nicht, über das Gericht zu reden, wie es manche moderne Christen tun. Jesus selbst hatte sehr viel über das Gericht zu sagen. Im Matthäusevangelium werden beispielsweise fünf Predigten Jesu berichtet. Vier von ihnen enden mit je drei Gerichtsszenen, und die dritte schließt mit einer (siehe Mt 7,15-27; 10,28-39; 18,23-35; 23,29-39; 24,45-51; 25,14-46).

Trotz des negativen Aspekts des Gerichts besteht seine vorrangige Funktion darin, so viele Menschen in den Himmel zu lassen, wie dort glücklich sein werden. Das Gericht schafft den treuen Gläubigen Recht vor dem Verkläger Satan (siehe Da 7,22; 5 Mo 32,36; Ps 135,14; Lk 18,7.8; vgl. Offb 12,10b). Aber Gott möchte keine unglücklichen Menschen in seinem künftigen Königreich haben. Er zwingt niemanden, der sich von Grundsätzen leiten lässt, die im Widerspruch zu seinem Gesetz stehen, für alle Ewigkeit in einer Welt selbstlosen Dienstes zu leben. Menschen, die in habsüchtiger Weise andere zu ihrer eigenen Befriedigung ge- oder missbrauchen, würden sich in Gottes Gegenwart sehr unwohl fühlen. Für sie wird das Gericht bedeuten: Ausschluss vom Himmel (siehe Eph 5,5) und der ***Zorn Gottes*** (V. 6).

Gottes Zorn ist nicht als irrationale Wut zu verstehen, sondern als sein Gericht über die Sünde. Sein „Zorn steht nicht im Gegensatz zu seiner Liebe", sondern ist „die natürliche Frucht der göttlichen Liebe."[48] In seiner Liebe wird Gott die zerstörerischen Prinzipien

---

[48] George R. Knight: *My Gripe With God: A Study in Divine Justice and the Problem of the Cross*, S. 40.

der Sünde nicht für immer bestehen lassen, sondern der Sünde ein Ende bereiten – und damit dem vielfältigen Leid, das sie verursacht. Sein *Zorn* macht endgültig Schluss mit den Mächten und Grundsätzen, die das Leben seiner Kinder und den Frieden des Universums zerstört haben.

In Vers 8 bringt Paulus einen neuen Gedanken auf: ***Ihr wart früher Finsternis; nun aber seid ihr Licht in dem Herrn*** (LB). Beachten wir: Er sagt nicht, dass sie einst in Finsternis lebten, nun aber im Licht leben. Das stimmt zwar, aber er will auf mehr hinaus als die Veränderung der geistlichen Atmosphäre, in der sie leben. Ihr Wandel und ihr Wesen haben sich von *Finsternis* zum *Licht* verändert. Darin steckt eine wichtige Lehre: Das christliche Leben ist keine bloße Verbesserung des alten Lebens, sondern ein völlig neues Leben, gewirkt durch den Heiligen Geist und geprägt durch neue geistliche Prinzipien. Es ist motiviert durch die Liebe Gottes, so dass ein Christ lieber anderen etwas gibt, als sexuell oder in anderer Hinsicht etwas von ihnen zu nehmen.

Deshalb haben echte Christen ein Verlangen, ***als Kinder des Lichts zu wandeln*** und herauszufinden, ***was dem Herrn wohlgefällig ist,*** damit sie nichts weiter mit den ***unfruchtbaren Werken der Finsternis*** zu tun haben. Durch ihr Leben werden jene ***finsteren Machenschaften ... aufgedeckt*** (V. 11 Hfa), so dass sie ***ans Licht kommen*** (V. 13 GNB). Auf diese Weise bewirkt das christliche Leben einen Unterscheid, weil es die Vision einer besseren Welt vermittelt und Gottes Prinzip der Liebe illustriert.

Paulus beendet seinen Gedankengang über die Gläubigen als *Licht* mit einem Zitat unbekannter Herkunft in Vers 14. Es bringt bildhaft zum Ausdruck: „Bekehrung bedeutet, ***aus dem Schlaf zu erwachen*** [Hfa], ***von den Toten aufzustehen*** und aus der Finsternis ins Licht Christi zu treten. Kein Wunder also, dass wir aufgerufen sind, als Konsequenz ein neues Leben zu führen“, meint John Stott.[49]

---

[49] Stott, a. a. O., S. 201.

19. Im Licht wandeln (Teil 2)

Epheser 5,15-21

15 Seht nun genau zu, wie ihr wandelt, nicht als Unweise, sondern als Weise! 16 Kauft die (rechte) Zeit aus! Denn die Tage sind böse. 17 Darum seid nicht töricht, sondern versteht, was der Wille des Herrn ist! 18 Und berauscht euch nicht mit Wein, worin Ausschweifung ist, sondern werdet voller Geist, 19 indem ihr zueinander in Psalmen und Lobliedern und geistlichen Liedern redet und dem Herrn mit eurem Herzen singt und spielt! 20 Sagt allezeit für alles dem Gott und Vater Dank im Namen unseres Herrn Jesus Christus! 21 Ordnet euch einander unter in der Furcht Christi,

Darum achtet genau auf eure Lebensweise! (V. 15 GNB) Das ist für Christen sehr wichtig, denn wenn wir das nicht tun, werden wir allmählich gleichgültig *wandeln*. Wenn uns aber wichtig ist, wie wir leben, *achten* wir *genau* darauf, wie wir uns verhalten und welche Worte wir wählen. Wie viel liegt uns an unserem Christenleben? Genug, um uns ernsthafte Gedanken darüber zu machen? Genug, um von ganzem Herzen Gottes Willen tun zu wollen?

Paulus fordert die Christen auf: *Achtet also genau darauf, wie ihr lebt:* ***nicht wie unwissende, sondern wie weise Menschen*** (V. 15 Hfa). Hier finden wir das bedeutungsvolle Wort ***weise*** (*sophoi*). Paulus geht davon aus, dass wiedergeborene Christen bereits *weise* sind; sie haben ein neues Herz und einen neuen Sinn (siehe Hes 36,26.27) und kennen den Willen Gottes (siehe Rö 12,2). Das alles fehlte ihnen vor ihrer Bekehrung. Er stellt nicht in Frage, dass sie *weise* sind, sondern fürchtet wohl, dass sie ihre Weisheit nicht anwenden und trotz ihrer Stellung als Kinder Gottes *töricht* handeln (Eph 5,17).

Paulus scheint sich insbesondere darum zu sorgen, dass sie weise mit ihrer Zeit umgehen und weise Gottes Willen erforschen. Er rät ihnen zuerst: ***Kauft die Zeit aus.*** (V. 16 LB). Ellen White erklärt: „Unsere Zeit, ja, jeder Augenblick gehört Gott, und es ist unsere heiligste Pflicht, sie zu seiner Ehre zu nutzen. Über keinen der uns anvertrauten Zentner [siehe Mt 25, 14.15] verlangt er genauere Rechenschaft als über die Zeit."[50] Das ist wahrscheinlich deshalb so, weil man sie so leicht vergeudet und weil jeder Mensch jeden Tag dieselbe Menge an Zeit hat, um sie entweder zu Gottes Ehre oder im Sinne des Widersachers zu verwenden.

Paulus begründet seine Aufforderung: ***Denn wir leben in einer schlimmen Zeit.*** (V. 16 Hfa) „Verfolgung und Not bedrohten die Gemeinden im gesamten Römerreich", erklärt Frederik Bruce. „Es gab durchaus Anzeichen des bevorstehenden Falls des zweiten jüdischen Reiches mit all den unberechenbaren Folgen, die sich daraus für die christliche Sache ergeben konnten. Die gegenwärtigen Gelegenheiten, als Christen zu leben und zu wirken, mochten nicht mehr lange andauern; darum sollten die Christen sie bis zum Äußersten nutzen, solange sie das konnten."[51] Ähnliches mag für uns heute gelten.

Das zweite Anliegen des Paulus ist: ***Versteht, was der Wille des Herrn ist,*** damit sie ***nicht töricht*** handeln (V. 17). Weise Menschen sind nach biblischer Definition jene, die Gottes Willen kennen lernen wollen (siehe Spr 10,8). „Nichts ist wichtiger im Leben, als Gottes Willen zu erkennen und zu tun", meint John Stott.[52] Christen müssen sowohl den „allgemeinen" als auch den „besonderen" Willen Gottes erkennen. Ersterer ist für alle Christen zu allen Zeiten, Jesus ähnlicher zu werden. Wir erkennen ihn durch das Bibelstudium. Gottes besonderer Wille ist seine spezielle Absicht für unser persönliches Leben. Während wir in der Bibel allerlei Grundsätze finden, die uns dabei dienlich sind, „müssen detaillierte Entscheidungen nach sorgfältigem Nachdenken und Gebet getroffen werden und nachdem man Rat bei reifen und erfahrenen Gläubigen gesucht hat."[53] Um möglichst genau Gottes Absicht mit uns zu erfassen, müssen wir sowohl seinen allgemeinen als auch seinen besonderen

[50] Ellen G. White: *Bilder vom Reiche Gottes*, S. 279.
[51] Frederik F. Bruce: *The Epistle to the Ephesians. A Verse-by-Verse Exposition*, S. 109.
[52] Stott, a. a. O., S. 203.
[53] Ebd.

Willen verstehen. Dazu reicht es nicht, sein Wort zu erforschen, sondern wir müssen auch offen sein für das Wirken seines Geistes.

Mit Epheser 5,18 kommen wir zu einem Übergangsvers, in dem der Apostel zwei Gebote gibt, die mit dem Verstehen des Willens Gottes zu tun haben:

- Ein Verbot: ***Berauscht euch nicht mit Wein,*** denn ***das führt nur zu einem ausschweifenden Leben.*** (Hfa)
- Ein Gebot: ***Lasst euch vom Geist erfüllen.*** (LB)

„Wein und Trunkenheit waren zentrale Merkmale der Verehrung des Dionysos (auch als Bacchus bekannt, dem Gott der Früchte und des Weins)“, erklärt Clinton Arnold. „Bei den wilden und ekstatischen dionysischen Ritualen war das Berauschen mit Wein gleichbedeutend mit der Erfüllung mit dem Geist des Dionysos. Daher ist es denkbar, dass einige neue Gläubige in Kleinasien diese Form der Gottesverehrung mit sich in die Gemeinde brachten, indem sie Wein mit dem Erfüllt-Werden durch den Heiligen Geist in Verbindung brachten“,[54] eine Praxis, die Paulus vehement zurückwies.

Trunkenheit war natürlich ganz allgemein ein gesellschaftliches Problem in der antiken Welt wie auch heute. G. H. P. Thompson bringt die Übertragung in unsere Zeit auf den Punkt, wenn er schreibt: „Der Christ soll sich nicht in eine Welt künstlicher Heiterkeit durch Trunkenheit flüchten ... oder, wie wir heute hinzufügen können, durch den Konsum von Drogen verschiedener Art.“[55]

D. Martyn Lloyd-Jones (der sowohl Arzt als auch Pastor war) weist darauf hin, dass Alkohol in Wirklichkeit eher ein Beruhigungsmittel als anregend ist: „Alkohol ... schaltet die höheren Zentren aus, wodurch die primitiveren Teile im Gehirn ... die Kontrolle übernehmen können; ein Mensch fühlt sich [dann] vorübergehend besser. Er spürt keine Ängste mehr, hat sein Unterscheidungsvermögen verloren und kann Dinge nicht mehr richtig einschätzen. Alkohol schaltet nur die höheren Zentren aus und setzt die instinktiveren,

---

[54] Arnold, „Ephesians“, a. a. O., S. 331.

[55] G. H. P. Thompson: *The Letters of Paul to the Ephesians, to the Colossians and to Philemon*, S. 81.

primitiveren Teile frei; aber der Mensch glaubt, dass er angeregt wird. In Wirklichkeit ist er eher wie ein Tier geworden; er hat sich weniger unter Kontrolle."[56]

Für Paulus ist die Alternative klar: Wer lieber *weise* sein will als *töricht*, muss das *Betrinken* aufgeben und sich ***vom Geist Gottes erfüllen lassen*** (V. 18 GNB). Das von Paulus hier benutzte Verb *(plērousthe)* ist sehr aussagekräftig:

1. Es ist ein Imperativ, d. h. ein Gebot für jeden Christen.
2. Es steht im Passiv, d. h. wir füllen uns nicht selbst, sondern *lassen* uns *vom Geist erfüllen*.
3. Es steht im Plural, d. h. es geht die ganze Gemeinde an; sie soll *voller Geist werden*.
4. Es steht das Verb im Präsens, was im Griechischen eine wiederholte Handlung bezeichnet. Wir müssen also immer wieder neu vom Geist erfüllt werden.

Christen haben nichts nötiger als das. Paulus zählt in den folgenden Versen (19-21) vier positive Folgen davon auf. Sie werden im Originaltext durch fünf Partizipien im Präsens ausgedrückt (in den deutschen Übersetzungen meist fälschlich als Aufforderungen wiedergegeben), die sich aus dem Erfüllt-sein mit dem Geist ergeben. Die ersten drei finden sich in der Aussage: ***... indem ihr zueinander in Psalmen und Lobliedern und geistlichen Liedern redet und dem Herrn mit eurem Herzen singt und spielt***. Zusammengenommen kommt darin die anbetende Gemeinschaft der christlichen Gemeinde zum Ausdruck. Gott möchte, dass sich sein Volk zum gemeinsamen Lobpreis vereint. Anbetung ist nicht nur die Privatsache zwischen einem Menschen und Gott. Martin Luther sagte zu Recht, es sei ebenso unmöglich, für sich allein Christ zu sein, wie es unmöglich sei, allein Ehebruch zu begehen.

Die dritte Verhaltensweise, die sich aus einer geisterfüllten Gemeinschaft ergibt, besteht darin, ***Gott, dem Vater, zu jeder Zeit für alles im Namen unseres Herrn Jesus Christus [zu] danken*** (V. 20

---

[56] D. Martyn Lloyd-Jones: *Life in the Spirit in Marriage, Home, and Work. An Exposition of Ephesians 5:18-6:9*, S. 20.

GNB). Ein Christ, der murrt und klagt, ist ein Widerspruch in sich. Und doch sind viele Gemeinden voll von solchem Gejammer. Aber das ist nichts Neues. Das Neue Testament berichtet wiederholt von jüdischen religiösen Leitern, die über Jesus murrten. Sie beklagten sich nicht nur darüber, wen er in die Gemeinde brachte (siehe Lk 15,1.2), was er aß und mit wem (siehe Mt 11,19), sondern auch darüber, was er sagte und tat (siehe z. B. Jo 6,41; Mk 3,2).

Die Dinge haben sich nicht sehr verändert. Ich kenne Menschen in der Adventgemeinde, die sich immer über irgendetwas beklagen. Sicher, einiges in der Gemeinde muss korrigiert werden. Doch das erreicht man nicht durch Murren, sondern durch konstruktive Worte und Taten. Die Pharisäer aller Zeiten befassen sich jedoch lieber mit Klagen als mit Danken für das, was positiv und gut ist. Solche Menschen lassen sich gewiss von einem Geist leiten, aber nach dem Neuen Testament ist das nicht der Heilige Geist.

Die vierte Verhaltensweise, die sich aus der Erfüllung mit dem Geist ergibt, finden wir in dem Satz: ***Ordnet euch einander unter, wie es die Ehrfurcht vor Christus verlangt.*** (V. 21 GNB) Die Gemeinde wäre ein glücklicherer Ort, wenn mehr Gemeindeglieder respektvoll miteinander umgingen, statt sich zu behaupten und aggressiv auf ihre „Rechte" zu pochen. Sie vergessen anscheinend das in den Seligpreisungen Jesu gerühmte sanfte, demütige und milde Wesen (siehe Mt 5,5.7.9) oder das Beispiel, das er uns vorgelebt hat (siehe Mt 11,29). Es ist ein gewaltiger Unterschied, ob wir voller eigener Interessen und Ziele oder *vom Geist Gottes erfüllt* sind.

Und wir müssen wissen: Beide Wesensarten können nicht zugleich denselben Raum einnehmen. Ob wir von der einen oder der anderen erfüllt sind, wird sich nicht nur darin auswirken, ob wir *weise* oder *unweise* handeln (V. 15), sondern auch auf unser ewiges Schicksal, denn es gilt: „Wer den Geist Christi nicht hat, der gehört auch nicht zu ihm." (Rö 8,9 GNB). Wir müssen in der Tat *sorgfältig darauf sehen,* welcher Geist uns erfüllt und *wie* wir unser *Leben führen* (Eph 5,15 LB).

20. Als Mann und Frau in der Ehe leben

Epheser 5,21-33

21 Ordnet euch einander unter in der Furcht Christi, 22 die Frauen den eigenen Männern als dem Herrn! 23 Denn der Mann ist das Haupt der Frau, wie auch der Christus das Haupt der Gemeinde ist, er als der Heiland des Leibes. 24 Wie aber die Gemeinde sich dem Christus unterordnet, so auch die Frauen den Männern in allem. 25 Ihr Männer, liebt eure Frauen! wie auch der Christus die Gemeinde geliebt und sich selbst für sie hingegeben hat, 26 um sie zu heiligen, (sie) reinigend durch das Wasserbad im Wort, 27 damit er die Gemeinde sich selbst verherrlicht darstellte, die nicht Flecken oder Runzel oder etwas dergleichen habe, sondern dass sie heilig und tadellos sei. 28 So sind auch die Männer schuldig, ihre Frauen zu lieben wie ihre eigenen Leiber. Wer seine Frau liebt, liebt sich selbst. 29 Denn niemand hat jemals sein eigenes Fleisch gehasst, sondern er nährt und pflegt es, wie auch der Christus die Gemeinde. 30 Denn wir sind Glieder seines Leibes. 31 „Deswegen wird ein Mensch Vater und Mutter verlassen und seiner Frau anhängen, und die zwei werden ein Fleisch sein." 32 Dieses Geheimnis ist groß, ich aber deute es auf Christus und die Gemeinde. 33 Jedenfalls auch ihr – jeder von euch liebe seine Frau so wie sich selbst; die Frau aber, dass sie Ehrfurcht vor dem Mann habe!

Ihr Frauen, ordnet euch euren Männern unter. (V. 22 LB) Keine politisch korrekte Aufforderung heutzutage. Aber die Bibel ist oft nicht politisch korrekt. Sie hat ihre eigene Agenda.

Zunächst einmal ist hervorzuheben, dass der griechische Text von Vers 22 das Verb ***unterordnen*** nicht aufweist, wie die Elberfelder Bibel korrekt zeigt. Er enthält gar kein Verb. Es muss, darin sind sich die Übersetzer einig, vom Partizip des Verbs *unterordnen* im vorigen Vers ergänzt werden. Er bildet den Rahmen für den ganzen Abschnitt von Kap. 5,22 bis 6,9, wo wir es mit drei verschiedenen Kategorien von Unterordnung zu tun haben: Ehefrauen ihren Männern, Kinder ihren Eltern und Sklaven ihren Herren gegenüber.

Das Verb *unterordnen* wird „in militärischen Zusammenhängen für das Verhältnis eines Untergebenen zu seinem Vorgesetzten in der Hierarchie einer Armee gebraucht", erklären Robert Bratcher und Eugene Nida. „Es wird [im NT] verwendet in Bezug auf das Verhältnis einer Frau zu ihrem Mann (in Kol 3,18; Tit 2,5; 1 Pt 3,1), von Sklaven zu ihren Herren (in Tit 2,9 und 1 Pt 1,12) sowie gegenüber staatlichen Würdenträgern (in Rö 13,1). Es bedeutet ‚unterworfen sein, gehorchen [oder] regiert werden von' und impliziert den Sinn von *Unterordnung* gemäß den Normen der [damaligen] Zeit. Das kann kein noch so eloquentes Plädoyer verschleiern."[57]

Wenn wir also um das Wort selbst nicht herumkommen, müssen wir fragen, was es im Zusammenhang des Epheserbriefes bedeutet. Eines wird schnell deutlich: Paulus verwendet es im Rahmen einer Liebesbeziehung statt im Rahmen von Dominanz oder brutaler Autorität, wie sie beim Militär üblich war. „Er ermahnt weder hier noch an anderer Stelle die Ehemänner, ihre Frauen zu beherrschen", stellt Peter O'Brien klar. „Nirgends wird ihnen gesagt: ‚Übt eure Leitung aus!' Sie werden vielmehr wiederholt aufgefordert, ihre Frauen zu lieben (siehe V. 25.28.33). Dazu gehört, dass jeder Ehemann seiner Frau unaufhörlich Fürsorge und liebevollen Dienst zu ihrem Wohl angedeihen lässt."[58]

Im Gegensatz zu der falschen Sichtweise, dass Männer von Paulus im obigen Abschnitt aufgefordert werden, Autorität über ihre Ehefrauen auszuüben, geht es hier eigentlich um eine Warnung vor einer unangebrachten Anwendung von Autorität, die „ihnen verbietet, ihre Stellung auszunutzen, und sie stattdessen ermahnt, an ihre Verantwortung und die Rechte der anderen [Ehe-]Partei zu denken. Daher sollen Ehemänner ihre Frauen lieben und für sie sorgen."[59] An keiner Stelle werden in der Bibel Männer dazu aufgefordert, über Frauen zu herrschen oder zu dominieren. Klyde Snodgrass erklärt: Diese Verse „sind sicher eine der am meisten diskutierten und miss-

---

[57] Robert G. Bratcher und Eugene A. Nida: *A Handbook on Paul's Letter to the Ephesians*, S. 139.

[58] O'Brien, a. a. O., S. 419.

[59] Stott, a. a. O., S. 219.

brauchten Texte im Neuen Testament. Es geht in ihnen *nicht* um ein Privileg oder die Dominanz des Ehemannes, und Paulus beabsichtigte nie zu behaupten, dass Frauen Dienerinnen sind, die gezwungen seien, jeden Wunsch des Mannes zu erfüllen. Der Text verlangt weder von den Frauen, ihren Ehemännern zu gehorchen, noch gibt er den Ehemännern die Freiheit, sich ihre Unterordnung zu erzwingen zu suchen."[60]

Die Art der Unterordnung, von der Paulus spricht, war dem christlichen Glauben nicht fremd, denn es ist eine wesentliche neutestamentliche Lehre, dass Christus sich dem Vater unterstellte (siehe z. B. 1 Ko 15,28). Die Ergebenheit kann deshalb „eine funktionale Unterordnung sein, ohne Unterlegenheit oder weniger Ehre und Herrlichkeit zu bedeuten".[61] In Epheser 5 geht es in Bezug auf Männer und Frauen in der Ehe nicht um Unterlegenheit, sondern um die Rollenverteilung. „Gleichheit des *Wertes* bedeutet nicht Gleichheit der *Rolle*", stellt John Howard Yoder klar.[62] Das trifft ebenso auf die Familie zu wie auf die Gottheit. Mann und Frau sind einander nicht dem Wert nach untergeordnet, auch wenn sie verschiedene Aufgaben haben, von denen sich einige aus ihrer Physiologie ableiten.

Der Hauptgrund für das Eintreten des Apostels Paulus für eine Unterordnung der Frau unter den Mann ist der Vergleich mit der Gemeinde, die sich in der Beziehung zu Christus ihm unterordnet. Die Männer sollen ihre ***Frauen so lieben, wie auch Christus die Gemeinde geliebt und sich selbst für sie hingegeben hat*** (V. 25), um sie segnen zu können. Wenn wir verstehen wollen, worauf Paulus hinaus will, wenn er vom Mann als dem ***Haupt der Frau*** spricht, müssen wir auf Jesus sehen, dem es um Liebe und Fürsorge ging und nicht ums Beherrschen.

Dieser Gedanke bildet den Rahmen für einen der tiefgründigsten Abschnitte des Neuen Testamentes über die Ehe. „Kein Mensch, der heutzutage diesen Abschnitt liest, kann erkennen, wie großartig er ist", meint William Barclay. „Im Verlauf der Zeit ist die christliche

---

[60] Klyne Snodgrass: *Ephesians*, S. 294.
[61] O'Brien, a. a. O., S. 412.
[62] John Howard Yoder: *The Politics of Jesus*, S. 177.

Sicht der Ehe akzeptiert worden",[63] wenn auch die Menschen oft nicht diesem Ideal entsprechen oder sich heute wieder von ihm abwenden.

Kern des Problems der niedrigen Wertschätzung der Ehe in der vorchristlichen Welt war die geringe Achtung vor Frauen. Jüdische Männer dankten Gott zum Beispiel täglich dafür, weder ein Heide, ein Sklave noch eine Frau zu sein. Unter dem jüdischen Gesetz hatte eine Frau wenige Rechte. Ihr Mann konnte sie aus geringfügigem Anlass entlassen, z. B. wenn sie sein Essen anbrennen ließ oder ihn respektlos ansprach. Sie aber hatte mit wenigen Ausnahmen kein Recht, sich von ihm zu trennen. Der Mann brauchte ihr nur in Gegenwart zweier Zeugen eine Scheidungsurkunde zu geben, dann war er geschieden.

In der griechischen Welt stand es um die Ehe sogar noch prekärer, denn Prostitution war überall verbreitet. Der Redner Demosthenes (384-322 vor Chr.) beschrieb die akzeptierte Lebensweise mit den Worten: „Wir haben Hetären [Kurtisanen] als Freundinnen zu unserem Vergnügen; wir haben Konkubinen für den täglichen Beischlaf; wir haben Ehefrauen, um legitime Kinder und eine treue Hüterin aller Angelegenheiten des Haushalts zu haben."[64] Eine achtbare griechische Frau trat nie öffentlich in Erscheinung. Sie hatte ihr eigenes Zimmer, getrennt von den Räumen ihres Mannes. Sie hatte keine Rechte und da die griechische Gesellschaft keine gesetzlichen Vorschriften für eine Scheidung hatte, konnte der Mann eine Ehe nach Lust und Laune auflösen, ohne dass jemand Fragen stellte.

In der römischen Gesellschaft stand es noch schlechter um die Ehe als in Griechenland oder Palästina. Zur Zeit des Apostels Paulus war die Einrichtung der Ehe zerrüttet. Seneca schrieb sogar, einige Frauen würden die Jahre nach den Namen ihrer Ehemänner datieren. Treue wurde nicht praktiziert und die Atmosphäre war am besten als ehebrecherisch zu bezeichnen.[65] Mit solchen Zuständen vor Augen schrieb Paulus den obigen Abschnitt.

---

[63] Barclay, a. a. O., S. 175 (Übersetzung vom Lektor nach dem Original auf S. 199 verbessert).
[64] Zitiert ebd., S. 177f. (Übersetzung vom Lektor verbessert).

Leider konzentrieren sich manche Leute dabei nur auf die Unterordnung. Ihnen entgeht das schöne, aber radikale Bild der Ehe, das Paulus in diesen Versen malt. Wenn wir durch das Prisma der Liebe sehen, die Jesus zur Gemeinde hat, entdecken wir wenigstens fünf Lektionen über die Ehe und die Rolle des Mannes in der ehelichen Beziehung.

Erstens: Seine Liebe soll aufopfernd sein. *Wie Christus seine Gemeinde liebt, für die er sein Leben gab,* ***sollen auch die Männer ihre Frauen lieben*** (V. 25.28 Hfa). Die Rolle des Ehemanns ist nicht, sich bedienen zu lassen, sondern zu dienen. Falls nötig, soll er sogar um seiner Frau willen die Dinge aufgeben, die ihm am wichtigsten sind. Die Opferbereitschaft des Ehemanns ist der hohe Preis und die Forderung der Rolle des Hauptes in der Ehe. Leider missbrauchen manche Männer diesen Abschnitt in einer Weise, die den Prinzipien widersprechen, die uns der Heilige Geist durch Paulus gab.

Zweitens: Die Liebe des Ehemannes soll einen reinigenden Effekt haben. Wie Christus die Gemeinde *heiligen* wollte, denn ***er hat sie gereinigt durch das Wasserbad im Wort, damit er sie vor sich stelle als eine Gemeinde, die herrlich sei und keinen Flecken oder Runzel oder etwas dergleichen habe … So sollen auch die Männer ihre Frauen lieben.*** (V. 26-28 LB). Der Mann hat die Aufgabe, seine Frau in jeder Weise aufzubauen. Alles, was er tut, um sie herabzuwürdigen oder herabzuziehen, ist mit Gottes Geboten an ihn unvereinbar.

Drittens: Die Liebe des Mannes soll fürsorglich sein. ***Männer müssen … ihre Frauen lieben wie ihren eigenen Körper.*** (V. 28 GNB) Mit dieser Selbstliebe meinte Paulus weder Egoismus noch Narzissmus, sondern Selbstannahme. Sie ist nicht nur die entscheidende Grundlage der Agape-Liebe in der Ehe, sondern auch der Nächstenliebe überhaupt. Wer sich selbst angenommen hat, kann auch andere Menschen annehmen und ihnen Gutes erweisen. Viele Männer verwöhnen sich jedoch in egoistischer Weise und benutzen ihre Frauen, um ihre Bedürfnisse zu erfüllen. Manche missbrauchen sie auch noch emotional, körperlich oder sexuell. Gottes Wort lässt kei-

[65] Eine hilfreiche Beschreibung der Ehe in damaliger Zeit findet sich ebd. S. 176-179.

nen Zweifel daran, dass ein Mann seine Frau in fürsorglicher und selbstloser Weise lieben soll und dafür die Selbstannahme die unerlässliche Grundlage ist. Wer sich von Christus angenommen weiß, kann sich auch selbst annehmen (siehe auch Rö 15,7).

Viertens: Die Liebe des Ehemannes soll eine Liebe auf Dauer sein. ***Ein Mann verlässt seine Eltern und verbindet sich so eng mit seiner Frau, dass die beiden eins sind mit Leib und Seele.*** (Eph 5,31 Hfa; ein Zitat aus 1 Mo 2,24) Seine Frau ist kein Teil, das man wegwerfen oder austauschen könnte. Beide sind in einer dauerhaften Beziehung durch die eheliche Gemeinschaft miteinander verbunden.

Zum Schluss sei gesagt, dass ein christlicher Mann seine Frau „in dem Herrn" heiratet (1 Ko 7,39), wie William Barclay hervorhebt. Beide sollen zum Leib Christi gehören und ihre Ehe „soll in der Gegenwart des Herrn geführt werden; [Wenn] sie in der Atmosphäre des Herrn geführt wird, wird jede Regung vom Herrn regiert, jede Entscheidung in dem Herrn getroffen. In der christlichen Familie soll Jesus ein Gast [und der Herr] sein, an den man immer denkt, auch wenn er unsichtbar ist. Zur christlichen Ehe gehören nicht nur zwei, sondern drei Partner – der dritte ist Christus."[66]

21. Als Eltern und Kinder wandeln

Epheser 6,1-4

1 Ihr Kinder, gehorcht euren Eltern im Herrn! Denn das ist recht. 2 „Ehre deinen Vater und deine Mutter" – das ist das erste Gebot mit Verheißung – 3 „damit es dir wohl gehe und du lange lebst auf der Erde." 4 Und ihr Väter, reizt eure Kinder nicht zum Zorn, sondern zieht sie auf in der Zucht und Ermahnung des Herrn!

Die ausführlichsten Angaben des Apostels Paulus über die Pflichten der verschiedenen Mitglieder eines Haushalts (einschließlich der

[66] Ebd. S. 183f. (Übersetzung vom Lektor nach dem Original auf S. 207 verbessert.)

Sklaven) finden wir in Kolosser 3,18 bis 4,1 und Epheser 5,22 bis 6,9. Aber auch Texte wie 1. Timotheus 2,1-15; 5,1.2; 6,1.2.17-19; Titus 2,1 bis 3,8 und 1. Petrus 2,13 bis 3,7 enthalten zu diesem Thema Aussagen, die im Ton und in der Struktur ähnlich sind. Solche Haustafeln waren nicht auf das Neue Testament beschränkt, sondern zu jener Zeit in der Ethikliteratur durchaus verbreitet. Der Unterschied zwischen ihnen liegt darin, dass sie in der Bibel von christlichen Gesichtspunkten geprägt sind.

Nach der Aufzählung der Pflichten der Männer und Frauen kommt Paulus in Epheser 6,1-4 zu denen der Eltern und ***Kinder***. Und wie seine Anweisungen eine hohe Meinung von der Ehe widerspiegeln und viel dazu beitrugen, den Frauen mehr Rechte zu geben, so stellte er auch die Kinder auf eine höhere Ebene. Die meisten von uns wissen gar nicht, wie nachhaltig sich das Christentum auf unsere Sicht von Frauen und Kindern ausgewirkt hat, weil wir in einer Umwelt leben, die sich durch biblische Wertvorstellungen in großem Umfang verändert hat. Man braucht nur die Zeitumstände näher zu betrachten, in der Paulus seine Briefe schrieb, um den Gegensatz festzustellen.

In seiner Zeit hatten traditionelle römische Vorstellungen vom Familienleben und von der Erziehung in hohem Maße Einfluss auf die griechisch-römische Welt genommen. In der römischen Kultur hatte der Vater eine fast absolute, legale Macht über die Glieder seines Haushalts, wie aus den Erklärungen von Dionysius von Halicarnassus hervorgeht. Er schrieb: „Die römische Gesetzgebung gab dem Vater praktisch die volle Macht über seinen Sohn: Wenn er es für richtig hielt, konnte er ihn einkerkern, geißeln oder in Ketten legen lassen; er konnte ihn auf den Feldern arbeiten lassen oder ihn töten; und das selbst dann, wenn der Sohn bereits am öffentlichen Leben teilnahm, zu den höchsten Richtern gehörte oder wegen seines Eifers für das [römische] Reich gefeiert wurde."[67]

Darüber hinaus hatte der *pater familias* (der regierende Vater) eines römischen Haushalts die Macht, ein ungewolltes, neugeborenes

[67] Dionysius: *Antiquitates Romanae*, 2,26.4, zitiert in Lincoln, a. a. O., S. 398f.

Kind den Elementen auszusetzen, missgebildete Kinder ertränken zu lassen oder unerwünschte Töchter als Sklavinnen zu verkaufen. Erst sein Tod beendete die Herrschaft des Vaters über seine Kinder.

Die Juden waren den Römern in ihrer Einstellung gegenüber Kindern weit voraus, aber auch sie waren nicht so fortschrittlich, wie sie hätten sein sollen. Das zeigt sich z. B. in den Aussagen des apokryphen Buches Jesus Sirach, wo es in Kap. 30 heißt: „Wer seinen Sohn liebt, gibt ihm häufig den Stock zu spüren" (V. 1 GNB, vgl. V. 12), und den Vätern geraten wird, nicht mit ihren Söhnen zu spielen, keine Scherze mit ihnen zu machen oder sie zu verhätscheln (siehe V. 7-10).

Die Prinzipien, die sich im Leben Jesu zeigen (siehe Mt 19,13-15) und in den Schriften des Neuen Testamentes ausgeführt werden, haben allmählich die Ansichten der Gesellschaft über Kinder und deren Erziehung verändert. Paulus war ein Vorreiter davon. Schon die Tatsache, dass er den Kindern einen Abschnitt widmet, zeigt, dass sie in der christlichen Familie der damaligen Zeit einen Platz hatten. Sicher hatten die Aussagen Jesu dazu beigetragen, der gesagt hatte: „Wer solch ein Kind mir zuliebe aufnimmt, der nimmt mich auf" (Mt 18,5 GNB) oder: „Lasst die Kinder doch zu mir kommen und hindert sie nicht daran; denn für Menschen wie sie steht Gottes neue Welt offen." (Mk 10,14 GNB)

Paulus gibt zunächst und ausführlicher den Kindern Ratschläge. Er fordert sie auf: ***Gehorcht euren Eltern im Herrn***. Beachten wir: Das sagte er nicht zu Frauen. In dem, was er den Kindern sagt, liegt ein autoritärer Ton, der in seinen Ermahnungen an die Frauen fehlt.

Doch selbst dieser Gehorsam sollte nicht so unbegrenzt sein, wie man zunächst meinen kann, wenn man Kolosser 3,20 liest („Gehorcht euren Eltern in allem." EB). Er sollte *im Herrn* geschehen. Das ist eine wichtige Einschränkung, weil nicht alle Eltern Christen waren und nicht alle Gläubige mit ihren Anweisungen, die sie ihren Kindern gaben, im Recht waren. *Im Herrn zu gehorchen* signalisierte die Tatsache, dass man auch in der Familie „Gott mehr gehorchen [muss] als Menschen" (Apg 5,29). Wenn also ein Elternteil sein Kind auffordert, zu stehlen oder die Gebote Gottes in anderer Weise zu übertreten, ist es die Pflicht des Kindes aufgrund dieses Prinzips, sich zu weigern, sofern es dazu bereits reif genug ist.

Doch der Apostel ist anscheinend überzeugt, dass solche Situationen in einem christlichen Haushalt selten vorkommen. Er gibt drei Gründe dafür an, warum Kinder ihren Eltern *gehorchen* sollen. Erstens: ***Denn das ist recht***. Paulus sieht das sicher richtig, denn in einer Gesellschaft, in der Kinder aufhören, ihren Eltern zu gehorchen, bricht jegliche Ordnung zusammen, weil die Familie das Fundament der Gesellschaft ist. An anderen Stellen bewertet Paulus Ungehorsam den Eltern gegenüber als das Zeichen einer dekadenten Kultur (siehe Rö 1,28-30; 2 Tim 3,1.2). In Kolosser 3,20 äußert er sich ausführlicher als in seiner Aussage in Epheser 6,1. Dort schreibt er: „Ihr Kinder, gehorcht euren Eltern in allem, denn dies ist wohlgefällig im Herrn."

Schon der gesunde Menschenverstand ohne Gottes Wort sagt uns, dass kindlicher Gehorsam richtig und gut ist, denn jede Gesellschaft legt Wert darauf. Aber Paulus nennt in Epheser 6,2.3 einen Grund, den Gott selbst offenbart hat. Dort zitiert er das fünfte Gebot aus der Septuaginta, der griechischen Übersetzung von 2. Mose 20,12: ***Ehre deinen Vater und deine Mutter***. Er schiebt in den Text ein: ***Das ist das erste Gebot, das eine Verheißung hat.*** (LB)

Das fünfte Gebot wurde von jüdischen Verfassern, wie zu erwarten ist, oft erwähnt. Im Neuen Testament wird es an fünf anderen Stellen zitiert (siehe Mt 15,4; 19,19; Mk 7,10; 10,19; Lk 18,20).

Klyne Snodgrass macht eine relevante Nebenbemerkung, indem er erklärt: „Wenn Paulus diesen und andere alttestamentliche Texte als Motivation in der ethischen Lehre des Epheserbriefes verwendet, zeigt dies, dass das Gesetz nicht abgeschafft war. Was Paulus über das Gesetz sagt, mag uns schwierig vorkommen, aber *er* dachte nicht, dass er das Gesetz abschafft."[68] (Siehe Rö 3,31) Für Paulus gab es keinen Zweifel, dass die Zehn Gebote auch für Christen eine motivierende Grundlage darstellen (siehe Rö 7,12; 13,9). Sie zu halten, bringt nach Epheser 6,3 den Segen ***langen Lebens.***

---

[68] Snodgrass, a. a. O., S. 321f.

Die dritte Motivation, mit der Paulus die Kinder anregen will, ihren Eltern zu gehorchen, liegt in den Worten ***im Herrn***. Wie bereits erwähnt, weist diese Ausdrucksweise zwar auf Grenzen des Gehorsams hin, aber John Stott hat Recht, wenn er sagt, dass eine derartige Begrenzung „ihre Bedeutung nicht erschöpft". Dieser Ausdruck „bringt den Kindesgehorsam in den Bereich einer speziellen christlichen Pflicht und legt den Kindern die Verantwortung auf die Schultern, wegen ihrer eigenen persönlichen Beziehung zum Herrn Jesus ihren Eltern zu gehorchen."[69] Bei der Bekehrung zu Christus verändern sich sämtliche Beziehungen eines Christen. Darum gehorcht ein junger Christ nicht nur, weil es sich so gehört und das Alte Testament es verlangt, sondern auch aufgrund seiner Liebesbeziehung zu Jesus Christus als seinem Herrn und Erlöser.

Danach erteilt Paulus in Epheser 6 auch Vätern einige Gebote, wobei sie im Grunde beiden Elternteilen gelten. Er schreibt: *Ihr Väter, reizt eure Kinder nicht zum Zorn, sondern zieht sie auf in der Zucht und Ermahnung des Herrn*. Paulus geht mit einem zweischneidigen Schwert an das Thema heran. Zuerst kommt die negative Schneide: ***Reizt eure Kinder nicht zum Zorn.*** In Kolosser 3,21 finden wir den hilfreichen Zusatz, „damit sie nicht mutlos werden" (EB).

Andrew Lincoln schreibt als Erklärung dazu: „Väter sind dafür verantwortlich, darauf zu achten, dass sie ihre *Kinder nicht zum Zorn reizen*. Dazu gehört es, Einstellungen und Worte zu vermeiden und Taten zu unterlassen, die ein Kind in wütende Verzweiflung oder Groll treiben. Darum verbieten sich schwere Strafen, unvernünftig strenge Forderungen, Missbrauch von Autorität, Willkür, Ungerechtigkeit, ständiges Nörgeln und Verurteilen, Demütigungen und alle Formen grober Unempfindlichkeit für die Bedürfnisse und Gefühle eines Kindes."[70]

Ellen White befindet sich auf derselben Wellenlänge, wenn sie schreibt: „Ein kluger Erzieher wird im Umgang mit seinen Schülern

---

[69] Stott, a. a. O., S. 244.
[70] Lincoln, a. a. O., S. 406.

versuchen, ihr Vertrauen zu gewinnen und ihr Ehrgefühl zu stärken. Kinder und Jugendliche sollten spüren, dass man ihnen vertraut ... Argwohn verletzt und verursacht genau die Übel, die man zu verhindern sucht ... Auf Kinder wirkt eine lieblos kritische Atmosphäre lähmend, vor allem, wenn sie empfindsam sind. Es ist beinahe so wie mit den Blumen, die sich auch nicht richtig entfalten können, wenn ständig ein scharfer, kalter Wind über sie hinwegstreicht ... Veränderungen sind nur dann zu erwarten, wenn nicht wild drauflos kritisiert, sondern zur Einsicht geführt und an den Willen des Kindes appelliert wird. Wenn das gelungen ist, muss man das Kind an die Quelle der Vergebung und der Kraft heranführen. Es ist wichtig, dass ihm die Selbstachtung erhalten bleibt und dass ihm Hoffnung vermittelt und Mut gemacht wird."[71]

Bei der Kindererziehung muss die Förderung des Positiven immer stärker zum Tragen kommen als das Vermeiden des Negativen. Daher fordert Paulus die christlichen Eltern in Epheser 6,4 nicht lediglich dazu auf, ihre *Kinder nicht zum Zorn zu reizen,* sondern weist sie auch auf ihre Aufgabe hin, bei ihnen Selbstzucht bzw. Selbstdisziplin (die einzige effektive Disziplin auf lange Sicht) zu fördern und sie ***in Wort und Tat zu Gott, dem Herrn, hinzuführen*** (Hfa), damit sie zu gesunden Gliedern des Leibes Jesu heranwachsen.

22. Der Umgang zwischen Sklaven und Herren

Epheser 6,5-9

5 Ihr Sklaven, gehorcht euren irdischen Herren mit Furcht und Zittern, in Einfalt eures Herzens, als dem Christus; 6 nicht mit Augendienerei, als Menschengefällige, sondern als Sklaven Christi, indem ihr den Willen Gottes von Herzen tut! 7 Dient mit Gutwilligkeit als dem Herrn und nicht den Menschen! 8 Ihr wisst doch, dass jeder, der Gutes tut, dies vom Herrn empfangen wird, er sei Sklave oder Freier. 9 Und ihr Herren, tut dasselbe ihnen

[71] Ellen G. White, *Erziehung*, S. 289-292.

gegenüber, und lasst das Drohen! da ihr wisst, dass sowohl ihr als auch euer Herr in den Himmeln ist und dass es bei ihm kein Ansehen der Person gibt.

Dieser Abschnitt bezieht sich zwar auf *Sklaven* und *Herren*, aber die von Paulus dargelegten Grundsätze gelten ähnlich für das Verhältnis zwischen Arbeitgebern und Angestellten. Bevor wir jedoch auf unsere heutige Zeit eingehen, wollen wir einen Blick auf die Sklaverei im römischen Reich und die Auswirkungen der obigen Gebote des Paulus werfen.

Er wandte sich in seinem Brief auch an die zahlreichen christlichen ***Sklaven***. Nahezu ein Drittel der Bevölkerung in Städten wie Ephesus bestand damals aus Sklaven und Sklavinnen. Vermutlich war in der Gemeinde ihr Anteil höher als in der allgemeinen Bevölkerung, denn das Christentum mit seiner Hoffnungsbotschaft sprach immer schon besonders die Unterdrückten, Entrechteten und Besitzlosen an (siehe 1 Ko 1,26-28).

Der römische Schriftsteller Varro bezeichnete Sklaven „als Tiere, die zufällig sprechen können".[72] Die Herren konnten über Leben und Tod ihrer Sklaven entscheiden. Doch, wie bereits erwähnt, konnten auch Väter dieselbe Macht über ihre Kinder ausüben. Sklaven konnte man jedoch kaufen und verkaufen und hatten viel weniger Rechte als Menschen, die frei waren.

In anderer Hinsicht unterschied sich die Sklaverei im römischen Reich sehr von der in der Neuzeit. Zum einen kamen die Sklaven aus allen Rassen, nicht nur aus Afrika. Viel wichtiger ist jedoch: „Menschen, die ... unter römischem Recht versklavt waren, konnten im Allgemeinen damit rechnen, bis zum Alter von 30 Jahren auf freien Fuß gesetzt zu werden ... Die Stellung der Sklaven war keineswegs immer eine untergeordnete, denn in griechischen oder römischen Haushalten dienten Sklaven nicht nur als Köche, Reinigungspersonal und persönliche Diener, sondern auch als Privatlehrer für Personen aller Altersgruppen, als Ärzte, Krankenschwestern, enge

[72] Zitiert in Barclay, a. a. O., S. 189.

Gefährten und Verwalter des Haushalts. In der Geschäftswelt waren Sklaven nicht nur Hausmeister und Laufburschen; sie arbeiteten auch als Verwalter von Landgütern, Geschäften oder Schiffen sowie als Handelsreisende und Vertragsagenten. Im öffentlichen Dienst wurden Sklaven nicht nur zum Pflastern der Straßen und Reinigen der Abwasserkanäle eingesetzt, sondern auch als Verwalter von Geld und Personal sowie als Manager mit Entscheidungsgewalt."[73]

Kurz gesagt: Im römischen Reich verrichteten Sklaven ihre Arbeit sowohl in hohen als auch in niedrigen Stellungen. Sie waren oft gut ausgebildet (mitunter auf Kosten ihrer Herren) und in jeder Weise besser dran als arme Leute, die in Freiheit lebten. Infolgedessen „sahen viele im Selbstverkauf in die Sklaverei mit der Aussicht auf Freilassung den direktesten Weg, um in die griechische oder römische Gesellschaft integriert zu werden. Im Gegensatz zur Sklaverei im 17. bis 19. Jahrhundert in Amerika war die griechisch-römische Sklaverei eher ein Prozess und kein permanenter Zustand, ein vorübergehender Lebensabschnitt, durch den ein Außenseiter einen Platz in der Gesellschaft erhielt."[74] Somit glich die damalige Sklaverei in vieler Hinsicht eher einem System von ausgebildeten Dienern als der neuzeitlichen Sklaverei von Afrikanern durch Weiße.

Weil rassische Aspekte keine Rolle spielten und die Sklaverei im römischen Reich eine vorübergehende, relativ gemäßigte Angelegenheit war, gab es im ersten Jahrhundert auch keinen Sklavenaufstand. Die Sklaverei war das wirtschaftliche System Roms, das zur Bewältigung der Arbeit benutzt wurde. Dennoch war es kein ideales System, denn ein Sklave unterlag dem willkürlichen Gebrauch durch seinen Herrn.

Auf diesem Hintergrund schrieb Paulus seine Gebote an Sklaven und Herren. Wie schon in den Abschnitten über die Ehe und die Kinder, spricht er die untergeordnete Gruppe zuerst an. „Paulus ermahnt die Sklaven in einer nie da gewesenen Weise, denn in traditionellen Erörterungen der Verwaltung von Haushalten richtet sich

[73] S. Scott Bartchy in: Geoffrey W. Bromiley (Hg.): *The International Standard Bible Encyclopaedia*, S. 544f.
[74] Ebd. S. 544.

die Aufmerksamkeit darauf, wie Herren mit Sklaven verfahren sollen", erklärt Peter O'Brien. Aber in den paulinischen Ermahnungen „werden Sklaven ebenso wie Frauen und Kinder als ethisch verantwortliche Personen behandelt (siehe Kol 3,22-25)".[75] Die Ermahnungen an die Sklaven zeigen, dass sie ebenfalls vollwertige Glieder des Leibes Christi in den Gemeinden der Provinz Asien waren.

Zu beachten sind die christozentrischen Implikationen in den Aussagen im obigen Abschnitt. Ob die Aufforderung nun Sklaven oder Herren galt, jede bezieht sich auf Christus:

- ***Seid gehorsam euren irdischen Herren ... als dem Herrn Christus.*** (V. 5 LB)
- *Gehorcht ...* ***als Sklaven Christi.*** (V. 6)
- ***Tut euren Dienst ... als dem Herrn.*** (V. 7 LB)
- Sklaven werden ihren Lohn ***vom Herrn empfangen.*** (V. 8, vgl. Hfa)
- Die ***Herren*** haben auch einen ***Herrn im Himmel.*** (V. 9 LB)

Wie es für alle Aspekte des christlichen Lebens gilt, ist auch das Miteinander von Sklaven und Herren, von Arbeitgebern und Angestellten vom Verhältnis des einzelnen zu Christus geprägt. Anders ausgedrückt: Unsere berufliche Tätigkeit im Alltag gehört zu unserem religiösen Leben und unserer christlichen Verantwortung, anstatt ein so genannter „weltlicher" Bereich zu sein.

Mit diesem Zusammenhang vor Augen gibt Paulus einige Richtlinien für Sklaven in der damaligen Welt, die ähnlich für Angestellte in der heutigen Zeit gelten. Erstens sollen Angestellte ihre Arbeitgeber respektieren. Heute lebt der Arbeitnehmer zwar nicht mehr ***mit Furcht und Zittern*** – was ein gängiger Ausdruck des Paulus für eine demütige Haltung war (vgl. 2 Ko 7,15)[76] – wie ein damaliger Sklave, aber dennoch liegt der Arbeitsplatz und das künftige Vorankommen in der Hand des Arbeitgebers. Und ohne *Achtung* (Eph 6,5 Hfa) vor der Leitung und dem Management wird ein Unternehmen umso eher zusammenbrechen. Der Gott der Bibel ist ein Gott der Ord-

---

[75] O'Brien, a. a. O., S. 448f.
[76] Einfügung des Lektors.

nung, auch am Arbeitsplatz. Christliche Arbeitnehmer sollen ihre Arbeit so tun, als würden sie sie für *den Herrn Christus* tun.

Zweitens sollen christliche Arbeitnehmer ihre Arbeit auch dann treu erledigen, wenn der Chef sie nicht beobachtet, also ***nicht nur vor ihren Augen*** (V. 6 Hfa). „Christliche Diener ... sollen sich als ***Diener Christi*** betrachten [Hfa] und in ihrem Dienst darum bemüht sein, Gottes Willen zu tun, denn Gott sieht alles, was man tut oder nicht tut und menschliche Vorgesetzte nicht sehen können", meint George Stoeckhardt.[77] Christen werden also ***nicht als Menschengefällige*** ihre Arbeit vor den Augen ihres Vorgesetzten tun, sondern sind auch am Arbeitsplatz *Diener Christi.*

Drittens werden Gläubige als Diener Christi ihre Arbeit ***mit gutem Willen*** tun (V. 7 LB). Und viertens wird Gott ***jedem den verdienten Lohn geben*** (V. 8 Hfa), selbst wenn dessen treue Arbeit auf Erden übersehen wird. „Nichts bleibt vor Gott verborgen; nichts, was gut gemacht wird, ist je vergebens getan", meint Francis Foulkes. „Es mag keinen Dank dafür auf Erden geben und mancher nur Kritik und Unverständnis ernten. Aber es gibt einen unerschöpflichen Lohn für treuen Dienst (siehe Lk 6,35; 1 Pt 1,17; Offb 22,12)" in der letzten Abrechnung Gottes für unsere gesamte Lebensführung.[78]

In Verbindung mit dem Gedanken ans Gericht bringt Paulus die Wendung ***er sei Sklave oder Freier***. Hier stehen Diener und Herr, Arbeitnehmer und Arbeitgeber auf gleichem Boden. Diesen Gedanken vertieft Paulus noch in Vers 9, wo er von den Sklaven zu den ***Herren*** übergeht. Dabei benutzt er ein Wortspiel, denn mit diesem Wort wird auch der ***Herr im Himmel*** (LB) bezeichnet. Am Ende stehen wir alle, wie auch immer unsere Stellung auf Erden war, auf demselben Boden, denn ***vor ihm sind alle Menschen gleich*** (Hfa). Wir werden vom „Herrn aller Herren" (1 Tim 6,15) und Herrn aller Sklaven beurteilt und gerichtet werden, und ***er ist ein unparteiischer Richter*** (GNB).

---

[77] George Stoeckhardt: *Ephesians*, S. 252.
[78] Foulkes, a. a. O., S. 175.

In diesem Zusammenhang führt Paulus einige Richtlinien für christliche Arbeitgeber an. Erstens fordert er sie auf, die goldene Regel (siehe Mt 7,12) auch in ihren Betrieben anzuwenden, indem er sagt: ***Ihr Herren, tut ihnen gegenüber das Gleiche*** (V. 9 LB), was ihr von ihnen erwartet. Wenn Arbeitgeber wollen, dass ihnen Achtung entgegengebracht wird, sollten sie auch ihre Angestellten achten; wenn sie Dienst erwarten, sollten sie auch ihnen ihren Dienst anbieten; und wenn sie Aufrichtigkeit erwarten, sollten sie selbst aufrichtig handeln. Außerdem sollen sie ***das Schelten und Drohen lassen*** (GNB) und ihren Angestellten ohne Arroganz begegnen. Schließlich dienen christliche Arbeitnehmer und Arbeitgeber *demselben Herrn im Himmel* (Hfa). ***Der Herr wird jeden für seine guten Taten belohnen, gleichgültig*** wer er ist (V. 8 GNB), wenn der Sohn Gottes am Ende den Lohn austeilen wird (siehe Offb 22,12).

23. Die Auseinandersetzung mit den Mächten der Finsternis

Epheser 6,10-17

10 Schließlich: Werdet stark im Herrn und in der Macht seiner Stärke! 11 Zieht die ganze Waffenrüstung Gottes an, damit ihr gegen die Listen des Teufels bestehen könnt! 12 Denn unser Kampf ist nicht gegen Fleisch und Blut, sondern gegen die Gewalten, gegen die Mächte, gegen die Weltbeherrscher dieser Finsternis, gegen die geistigen (Mächte) der Bosheit in der Himmelswelt. 13 Deshalb ergreift die ganze Waffenrüstung Gottes, damit ihr an dem bösen Tag widerstehen könnt und, wenn ihr alles ausgerichtet habt, stehen (bleiben) könnt! 14 So steht nun, eure Lenden umgürtet mit Wahrheit, bekleidet mit dem Brustpanzer der Gerechtigkeit 15 und beschuht an den Füßen mit der Bereitschaft (zur Verkündigung) des Evangeliums des Friedens! 16 Bei alledem ergreift den Schild des Glaubens, mit dem ihr alle feurigen Pfeile des Bösen auslöschen könnt! 17 Nehmt auch den Helm des Heils und das Schwert des Geistes, das ist Gottes Wort!

Mit diesem Abschnitt kommen wir zum Höhepunkt des Epheserbriefes. Es ist eine Sache, von den hohen Idealen, die Paulus in ihm darlegt, zu lesen, aber eine ganz andere, sie im Alltag auszuleben. Schließlich haben wir es in unserem Christenleben mit schwerem Widerstand zu tun. Während Paulus im Epheserbrief mehrfach darauf angespielt hat, nimmt er nun deutlich darauf Bezug und fordert zum entschiedenen Widerstand gegen die Mächte des Bösen auf.

Drei starke Imperative beherrschen den obigen Abschnitt:

1. *Werdet stark!* (V. 10)
2. *Zieht die ganze Waffenrüstung Gottes an!* (V. 11; vgl. V. 13: *Ergreift* ...)
3. *So steht nun fest!* (V.14 LB)

Der Grundgedanke ist: Der Sieg kommt nicht per Zufall, sondern wir müssen etwas dafür tun. Paulus beschreibt das Leben eines Christen anschaulich als einen geistlichen Kampf.

Die damalige Situation war, dass „in die Gemeinden viele Neubekehrte strömten, die vorher dem Artemis-Kult [dessen Zentrum in Ephesus war] anhingen, Zauberei praktizierten, bei Astrologen Rat suchten und an verschiedenen Mysterienkulten teilnahmen. Dem früheren Glauben und Leben dieser Bekehrten lag eine tief sitzende Furcht vor dämonischen Mächten zugrunde", erklärt Clinton Arnold.[79] In Epheser 6 gibt Paulus den Christen wichtige Hinweise, wie sie ihnen widerstehen können.

Dabei macht er deutlich, dass wir es mit ***Mächten des Bösen*** (V. 12 Hfa) zu tun haben, die real und einflussreich sind. Sie sind keine bloßen Hirngespinste oder abergläubische Fiktionen, sondern existieren tatsächlich und sind im Leben der Menschen aktiv. Wenn sie auch im Herzen und Leben der Empfänger des Briefes ihre Macht verloren haben, weil diese sich zu Christus bekehrt haben, so sind solche „dämonischen *Mächte* darauf aus, ihre Kontrolle über das Leben der Gläubigen zurückzugewinnen. Sie ersinnen Mittel und Wege, um den Fortschritt des Evangeliums aufzuhalten und bringen Gläubige dazu, nach ihrem alten Lebensstil zu leben", erklärt Clin-

[79] Arnold, „Ephesians", a. a. O., S. 122.

ton Arnold. Aus Epheser 6 lernen wir, dass „ein Sieg über diese *Mächte* nur durch die Inanspruchnahme der Macht Gottes möglich ist."[80]

Werdet stark in dem Herrn, befiehlt Paulus daher in seinem ersten Imperativ. Das dem Wort für *stark* zugrunde liegende griechische Wort, ist *dynamis*, von dem sich der Begriff Dynamit ableitet. Als gläubige Menschen brauchen wir Kraft, wenn wir erfolgreich sein wollen, aber diese Kraft erhalten wir nicht dadurch, dass wir gut oder weise sind, oder aus uns selbst. Im Gegenteil, die Betonung in Vers 10 liegt auf Gottes *Stärke*: *Werdet stark* ***in dem Herrn und in der Macht*** **seiner** ***Stärke***.

Die Christen in der Provinz Asien waren sich darüber klar, dass sie spirituelle Macht brauchten, doch sie waren „daran gewöhnt, sie auf falschem Wege zu erreichen – durch Helfergeister, Beschwörungen, Rituale, Formeln und Anrufen ihrer Götter und Göttinnen".[81] Darin unterschieden sie sich nicht allzu sehr von manchen Menschen in unserer Zeit, die durch New Age-Methoden zu Kraft kommen und Zugang zur transzendenten Welt erlangen wollen oder durch Seancen oder Wahrsager/-innen Führung für ihr Leben suchen.

Aber nach Aussage des Apostels sind solche Quellen genau das Problem. Hinter ihnen lauern *die Listen des Teufels* (V. 11). Die Probleme, die uns zu schaffen machen, entstehen nicht in erster Linie durch böse Menschen (*Fleisch und Blut*), sondern durch ***die Mächte, die Gewalten, die Weltbeherrscher dieser Finsternis*** und ***die geistigen Mächte der Bosheit in der Himmelswelt*** (V. 12). Dem Apostel geht es hier nicht um Wortspiele. Im Gegenteil, ernster könnte er es gar nicht meinen.

Tragischerweise betrachten viele Christen den *Teufel* als ein Hirngespinst oder als Teil des mittelalterlichen Aberglaubens. Doch auch das gehört zu den ***Listen des Teufels***, denn wenn er keine reale Macht wäre, bräuchten wir nicht wachsam zu sein. Dann könnten wir in unserer eigenen menschlichen Kraft leben, weil wir nichts

---

80 Ebd. S. 121.
81 Ebd. S. 336.

weiter zu fürchten haben als böswillige oder verdrehte Leute. Aber nach Aussage des Apostels Paulus existiert nicht nur ein mächtiger Teufel, sondern er ist auch listig. Teil seiner listigen Art ist, dass er mit Tricks und Täuschungen arbeitet, um uns zu beeinflussen. „Das Böse sieht selten böse aus, bis es sein Ziel erreicht", bemerkt Klyne Snodgrass. „Es verschafft sich Zugang, indem es attraktiv, wünschenswert und völlig legitim erscheint. Es ist eine mit Köder und Tarnung versehene Falle. Darum sagt Paulus in 2. Korinther 11,14 (LB): ‚Satan verstellt sich als Engel des Lichts.'"[82]

Die dritte Aufforderung des Apostels lautet: ***Steht fest*** (Eph 6,14). Beachten wir genau: Paulus fordert die Christen im gesamten Abschnitt nirgends auf, gegen den Teufel zu kämpfen. Auch in Vers 11 spricht er vom ***Bestehen*** und in Vers 13 vom ***Widerstehen.*** Und aus dem Zusammenhang geht eindeutig hervor: Weder der einzelne Christ noch die Gemeinde insgesamt werden dem Teufel je in menschlicher Kraft widerstehen (geschweige denn ihn besiegen) können. Wenn sie es versuchen, wird die Gemeinde als der Leib Christi auseinander brechen und überwältigt werden. Wir haben nur eine Möglichkeit, um *gegen alle heimtückischen Anschläge des Teufels* zu *bestehen* (V. 11 Hfa): Das geht nur *im Herrn und in der Macht seiner Stärke* und dazu ist es nötig, ***die ganze Waffenrüstung Gottes zu ergreifen*** und ***anzuziehen*** (V. 13.11).

Die Betonung liegt dabei auf der göttlichen Natur dieser Rüstung. Paulus fordert uns nicht auf, unsere Rüstung anzulegen, sondern die *Gottes*. „Schließlich „geht es nicht um einen physischen, sondern um einen geistlichen Kampf. Daher ist eine übernatürlich bereitgestellte, geistliche Waffenrüstung erforderlich."[83]

Diese ***Waffenrüstung*** ist aus mindestens einem weiteren Grund die Waffenrüstung *Gottes*: Jedes einzelne ihrer sechs in Epheser 6,14-17 aufgeführten Teile beschreibt das Alte Testament als die Waffe Gottes und seines Messias. Das wird besonders im Buch Jesaja deutlich. „Die entsprechenden Jesajatexte stellen den Herrn der

[82] Snodgrass, a. a. O., S. 339.
[83] Hoehner, a. a. O., S. 823.

Heerscharen als einen zum Kampf ausgestatteten Krieger dar, der auszieht, um sein Volk zu rehabilitieren", erklärt Peter O'Brien. „*Die ganze Waffenrüstung Gottes*, die die Leser gedrängt werden anzulegen, wenn sie in den todernsten geistlichen Kampf eintreten (V. 11), ist Jahwes eigene Rüstung, die er und sein Gesalbter trugen und die nun seinem Volk bereitgestellt wird."[84] Die Parallelen sind im Folgenden aufgeführt.

Bild	AT-Hintergrund	geistliche Waffe Eph 6
1. *Umgürtete Lenden*	Jes 11,5	*Wahrheit*
2. *Brustpanzer*	Jes 59,17	*Gerechtigkeit*
3. Beschuhte *Füße*	Jes 52,7	*Evangelium d. Friedens*
4. *Schild*	Jes 21,5; Ps 35,2	*Glaube*
5. *Helm*	Jes 59,17	*Heil*
6. *Schwert*	Jes 49,2; 66,16 u.a.	*Gottes Wort*[85]

Dass Paulus seine Ausführungen über die Waffenrüstung hauptsächlich auf das Alte Testament stützt statt auf die der römischen Soldaten, zeigt sich auch im Fehlen von speziellen, von den Römern allgemein verwandten Waffen wie den Speer. Auch auf die typische Ausrüstung für die Beine nimmt er keinen Bezug.

Das Bild von der Waffenrüstung spielt in Epheser 6 zwar eine wichtige Rolle, aber im Mittelpunkt des Abschnitts stehen die Gaben Gottes und die mit ihnen verbundenen Tugenden. In vorhergehenden Kapiteln des Epheserbriefes wurden sie alle bereits erwähnt:

- die *Wahrheit* in Kap. 1,13; 4,21;
- die *Gerechtigkeit* in Kap. 4,24; 5,9;
- der *Friede* in Kap. 1,2; 2,14.17; 4,3:
- das *Evangelium* in Kap. 1,13; 3,6;
- das *Wort* Gottes in Kap. 1,13;
- das *Heil* bzw. die Errettung in Kap. 1,13; 2,5.8;
- der *Glaube* in Kap. 1,1.15; 2,8; 3,12.17; 4,5.13.

---

[84] O'Brien, a. a. O., S. 457.

[85] Übernommen und angepasst von Arnold, „Ephesians", a. a. O., S. 337.

Somit stellen die mit der Waffenrüstung in Epheser 6,14-17 verbundenen Gaben und Tugenden theologische Themen des Epheserbriefes dar, die „in Bezug auf die Waffenrüstung zusammengefasst werden und von den Gläubigen in ihrem geistlichen Kampf angewandt werden sollen", erklärt Peter O'Brian.[86]

Die Waffenrüstung hat zwei Aspekte: Verteidigung und Angriff. Zur Verteidigung hilft ***die Wahrheit als Gürtel*** (V. 14 Hfa). Es ist zwar nicht eindeutig, ob das *Umgürten* eine Anspielung auf das alttestamentliche Hochbinden der langen Gewänder um die Taille meint, damit der Betreffende aktionsfähig war, oder ein Hinweis auf die lederartige Schürze, die römische Soldaten zum Schutz des Unterbauchs trugen, aber klar ist: Gottes Wahrheit aufzunehmen und im täglichen Leben danach zu handeln, ist für das geistliche Überleben wesentlich.

Der zweite Gegenstand zur Verteidigung ist der ***Brustpanzer der Gerechtigkeit*** (V. 14). Er weist darauf hin, dass die Bekleidung mit der Gerechtigkeit Christi (siehe Jes 61,10; 1 Ko 1,30) lebenswichtige Bereiche eines Christen bedeckt. Wenn er den gerechten Charakter Gottes in seinem täglichen Leben widerspiegelt, ist er dadurch weiterhin geschützt.

Ein dritter Gegenstand ist der ***Helm des Heils*** (V. 17), der die Gewissheit der Erlösung darstellt. Im Epheserbrief ist das *Heil* bzw. die Erlösung beides: Ein Geschehen in der Vergangenheit (siehe Kap. 2,5.8) und eine zukünftige Hoffnung (siehe Kap. 4,30). Das heißt: Die Gläubigen sind bereits erlöst, aber Gott hält einen noch größeren Segen für sie in der Zukunft bereit. Diese beiden Gewissheiten geben dem Christen in seinen täglichen Herausforderungen Schutz und Halt.

Beim ***Schild des Glaubens*** (V. 16) dachte Paulus wohl an den großen römischen Infanterieschild, der etwa 1,20 m hoch und 0,75 m breit war. Solche Schilde, die aus Holz bestanden und mit Leder überzogen waren, weichten die Soldaten oft in Wasser ein, um mit ihnen *Pfeile* abzuwehren, die in Pech getaucht und angezündet wur-

[86] O'Brian, a. a. O., S. 459.

den. „Wenn beiderseits die Schilde der Soldaten überlappten, boten sie einen guten Schutz. Sie dienten jedoch nicht nur der Verteidigung, denn eine Reihe von Soldaten mit ineinander greifenden Schilden und angriffsbereiten Waffen konnte direkt durch die Reihen der Feinde dringen."[87] Hier ist auf eine Lektion am Rande aufmerksam zu machen: Nur wenn Gemeindeglieder zusammenstehen, können sie den geistlichen Kampf defensiv oder offensiv wirksam führen.

Die beiden rein offensiven Waffen der Gemeinde – ***beschuht an den Füßen mit der Bereitschaft zur Verkündigung des Evangeliums des Friedens*** (V. 15) und ***das Schwert des Geistes, das Wort Gottes*** (V. 17 LB) – stellen die offensive Ausbreitung der guten Nachricht von der Erlösung durch Christus im Territorium des Feindes dar. Beachten wir: Mit ihnen wird nicht der Teufel selbst bekämpft, sondern ihm Untertanen entrissen. Die Verkündigung dieser Botschaft bringt *Frieden* zwischen Menschen und Gott und auch unter den Menschen selbst, denn aufgrund der Erlösung aus Gnade verschwindet die Trennmauer zwischen ihnen und sie werden Teil des Leibes Christi (siehe Eph 2,5-22). Das Paradoxe am Kampf der Christen für die Ausbreitung des Evangeliums ist das letztendliche Ziel, den Menschen Frieden zu bringen.

Doch dieser *Friede* herrscht auf dieser Erde noch nicht. Im Gegenteil, Paulus bezeichnet den Zustand der Welt als ***bösen Tag*** (Eph 6,13). Wie bereits erwähnt, leben die Gläubigen gegenwärtig in einem Zustand des „Schon-jetzt, aber Noch-nicht". Das heißt: Gott hat sie in Christus bereits erlöst, aber ihre endgültige Errettung lässt noch auf sich warten. Bis dahin leben sie am *bösen Tag*, an dem die geistigen *Mächte der Finsternis* noch hoffen, die Gläubigen, die sich zu Christus bekennen, für ihre Art des Denkens und Lebens zurückzugewinnen. Darum ist es nötig, ihnen zu ***widerstehen*** und ***fest zu stehen***. Aber wir können nur hoffen, in der *ganzen Waffenrüstung Gottes* und *in der Macht seiner Stärke* erfolgreich zu sein. Wer selbst den Kampf mit den geistigen Mächte des Bösen aufnehmen will, befindet sich auf dem sicheren Weg in die Niederlage.

---

[87] Snodgrass, a. a. O., S. 343.

24. Die Rolle des Gebets

Epheser 6,18-20

18 Mit allem Gebet und Flehen betet zu jeder Zeit im Geist, und wachet hierzu in allem Anhalten und Flehen für alle Heiligen 19 (und) auch für mich! damit mir Rede verliehen werde, wenn ich den Mund öffne, mit Freimütigkeit das Geheimnis des Evangeliums bekanntzumachen 20 – für das ich ein Gesandter in Ketten bin –, damit ich in ihm freimütig rede, wie ich reden soll.

Das *Gebet* ist „die stärkste aller Waffen“, meint William Barclay.[88] Mit dem Thema des Gebets beendet Paulus seine Ausführungen über die Auseinandersetzung des Christen mit den Mächten des Bösen. Es erhebt sich die Frage: Ist das Gebet nur ein weiterer Bestandteil der christlichen Waffenrüstung, der siebente in der Reihe, oder steht das Gebet, qualitativ gesehen, abseits von den sechs genannten Teilen der Waffenrüstung?

Man kann für beides Argumente ins Feld führen. Einerseits behält Paulus die strukturelle Kontinuität der vorherigen Waffenliste bei, indem er das Partizip des Verbs *beten* verwendet. Somit ist das Gebet ein Teil dessen, was es bedeutet, dem Teufel zu widerstehen. Wie die Gläubigen *ihre Lenden umgürten* und *den Brustpanzer der Gerechtigkeit anlegen* sollen (V. 14) usw., so sollen sie auch *beten*. Aus dieser Perspektive nimmt das Gebet eine zentrale Stelle dabei ein, dem Teufel und seinen Helfern zu *widerstehen* (V. 13). Von daher betrachtet, ist das Gebet eine weitere Waffe.

Doch andererseits räumt Paulus dem Gebet anscheinend einen besonderen Platz ein. Er „betont offensichtlich die wichtige Bedeutung des Gebets durch ein zweifaches Abweichen von der vorherigen Art und Weise, die Waffen aufzulisten“, erklärt Clinton Arnold.[89] Zum einen verwendet er zur Veranschaulichung des Gebets keinen militärischen Vergleich und zum anderen schreibt er ausführlicher

---

[88] Barclay, a. a. O., S. 194.

[89] Arnold, „Ephesians“, a. a. O., S. 112.

über das Gebet und betont seine Bedeutung in einer Weise, die sich davon unterscheidet, wie er die sechs Teile der Waffenrüstung schildert.

Kurz gesagt: Das Gebet nimmt offensichtlich einen strategischen Platz in der Auseinandersetzung mit den Mächten des Bösen ein. Es besteht zwar ein Zusammenhang mit den Bestandteilen der Waffenrüstung, aber im Denken des Paulus bildet es gewissermaßen die Grundlage für sie. „Der gesamte geistliche Kampf soll vom Gebet durchdrungen sein", meint John Stott.[90] Und Clinton Arnold bringt es auf den Punkt, indem er schreibt: „In Epheser 6,18-20 wird das Gebet als wesentlich für die Bewaffnung der Gläubigen mit der Stärke Gottes gesehen, um den teuflischen *Mächten* zu widerstehen, die verhindern wollten, dass sie nach der christlichen Ethik lebten … Damit will der Verfasser seinen Lesern verdeutlichen, dass es sich um eine wichtige geistliche Waffe handelt, aber doch mehr als eine Waffe; es ist [vielmehr] die Grundlage für den Einsatz aller anderen Waffen."[91]

Paulus betont die strategische Bedeutung des Gebets in der geistlichen Auseinandersetzung, indem er in Vers 18 viermal das Wörtchen ***alle*** verwendet, wie in der folgenden Aufstellung zu erkennen ist:

1. Betet *allezeit* (LB).
2. Betet *mit allem Gebet und Flehen.*
3. Betet *mit aller Beharrlichkeit* (LB)
4. Betet *für alle Heiligen.*

Viele kommen darin zu kurz. „Die meisten Christen beten manchmal und bringen einige Gebete vor Gott. Sie legen nur wenig Ausdauer an den Tag und beten für einige Personen der Gemeinde Gottes", bemerkt John Stott.[92] Das sollte nach den Worten des Paulus anders sein.

---

[90] Stott, a. a. O., S. 283.
[91] Arnold, „Ephesians", a. a. O., S. 112.
[92] Stott, a. a. O., S. 283.

Als erstes muss das Gebet beständig sein: Wir sollen ***allezeit beten.*** Siegreiche Christen leben in einer Atmosphäre des Gebets. Statt nur zu beten, wenn eine Krise droht oder vor den Mahlzeiten oder abends und morgens ist das Gebet ein Teil ihres Lebens den ganzen Tag hindurch. Dazu müssen wir nicht den ganzen Tag auf den Knien liegen. Wir können auch ein Gebet sprechen, wenn wir unterwegs sind oder einem Menschen begegnen, bei dem wir uns nicht sicher sind, was wir sagen sollen. Aus einem Leben ständigen und beharrlichen Gebets gewinnen wir Kraft und Weisheit für unser Leben als Christen.

Zweitens hat das siegreiche Gebet viele Facetten: Wir sollen ***mit allem Gebet und Flehen*** beten. Ich kenne Menschen, die nur beten, wenn sie etwas bekommen wollen. Sie vergessen allzu oft das Dankgebet oder den Lobpreis für Gottes Segnungen oder das Gebet um Vergebung ihrer Sünden oder das Gebet um Befreiung von sündigen Gewohnheiten oder das Gebet um Führung in Entscheidungen oder die Fürbitte für andere Menschen oder einfach das Gespräch mit Gott wie mit einem Freund. Ein gesundes Gebetsleben ist umfassend und abgerundet.

Ein drittes Merkmal für ein effektives Gebetsleben ist die ***Beharrlichkeit.*** Allzu leicht beten wir ohne Intensität. Spontanes Beten hat seinen Platz im Leben, aber ebenso auch intensives, konzentriertes Beten zu festen Zeiten. Mitunter vertreibt das Gebet sogar den Schlaf, weil es uns derart fordert. So war es bei Jesus, der manchmal den Schlaf völlig vergaß, wenn er im Angesicht des Widersachers mit Gott rang.

Zu guter Letzt ist christliches Beten selbstlos: Wir sollen ***für alle Gläubigen beten*** (V. 18 GNB) und nicht nur für die, die wir lieben oder die uns lieben. Jesus beschrieb vollkommene, Gott ähnliche Menschen als solche, die ihre Feinde lieben und für jene beten, die sie verfolgen (siehe Mt 5,44; vgl. V. 48). Wenn Jesus für Judas und diejenigen, die ihn ans Kreuz brachten, beten konnte, dann, so scheint es mir, sollte ich auch für alle, die sich in meinem Leben wie ein Judas benehmen, beten können – einerlei, ob mir danach zumute ist oder nicht.

Wenn wir als gläubige Christen gegen *die listigen Anschläge des Teufels bestehen* wollen (Eph 6,11 LB), müssen wir an die strategische Rolle des Gebets denken. Die defensiven und offensiven Teile der christlichen Waffenrüstung sind wunderbar, aber nach dem Verständnis des Paulus ohne Gebet wirkungslos, denn das Gebet ist – wie bereits erwähnt – „die Grundlage für den Einsatz aller anderen Waffen".[93]

Weil das so ist, bittet der Apostel die Epheser: ***Betet auch für mich.*** (V. 19 GNB) Die Fürbitte soll nicht einseitig sein. Paulus hat bereits zweimal seine Gebetsanliegen für die Empfänger seines Briefes erwähnt: tiefer zu erkennen, was Gott in Christus für sie getan hat (siehe Kap. 1,15-23), und das Wirken des Heiligen Geistes zu erfahren sowie die Liebe Christi tiefer zu begreifen (siehe 3,14-19).

Vielleicht denken wir, von Paulus war zu erwarten, dass er für die Menschen betete, um die er sich kümmerte. Doch welch ein Wunder: Er brauchte auch ihre Gebete! Vielleicht können wir uns kaum vorstellen, dass ein so großer Apostel sich von irgendjemandem einschüchtern ließ oder es ihm an Worten fehlte. Aber Paulus kannte seine Schwachheiten. Darum bat er die Empfänger seines Briefs, in zweifacher Hinsicht für ihn zu beten:

- ***damit Gott [ihm] zur rechten Zeit das rechte Wort gibt*** (Kap. 6,19 Hfa) und
- damit er ***freimütig das Geheimnis des Evangeliums verkündigen*** kann (V. 19 LB).

Auch Menschen, zu denen wir aufsehen, spüren ihre Bedürftigkeit. Es zeugt von Größe, wenn so jemand sein Bedürfnis auch ausdrückt. Dagegen gibt es andere, die zwar arrogant, aber ohne Tiefgang sind, und nicht genug geistliches Gespür besitzen, um ihre Begrenzungen in der Auseinandersetzung mit den Mächten des Bösen zu erkennen.

Hierin liegt eine weitere Lektion: Wir müssen für die Leiter der Gemeinde beten. Es ist allzu leicht, sie zu kritisieren. Vielleicht haben sie das hier und da sogar verdient. Doch selbst wenn das der

[93] Arnold, „Ephesians", a. a. O., S. 112.

Fall ist – und besonders dann – brauchen sie unsere Fürbitte. Wenn man einigen Gemeindegliedern zuhört, könnte man meinen, sie seien von Gott beauftragt, die Leiter des Werkes regelrecht auseinander zu nehmen. Natürlich haben sie einen Auftrag von Gott, aber er besteht darin, für die Leiter der Gemeinde und der Gemeinschaft zu beten. William Barclay schreibt: „Wir täten gut daran zu bedenken, dass kein Kirchenführer und kein Prediger etwas erreichen kann, wenn seine Freunde ihn nicht im Gebet unterstützen."[94] Und wenn du betest, vergiss deren Kritiker nicht, denn sie haben unsere Fürbitte nötig, obwohl sie das – im Gegensatz zu Paulus – selten zugeben.

Der Apostel schließt seinen Wunsch um Fürbitte mit dem Hinweis, er sei ***ein Gesandter in Ketten*** (V. 20). Das mag uns paradox vorkommen, denn ein Gesandter genießt als Vertreter eines Königreiches in einem anderen Land eigentlich diplomatische Immunität. Das bedeutet: Aufgrund einer gegenseitigen Übereinkunft unterliegen Botschafter keiner Haft. Wenn ein Krieg ausbricht, gibt eine Nation dem Botschafter des feindlichen Landes seine Beglaubigung zurück und schickt ihn in sein Heimatland, ohne ihn gefangen zu nehmen.

Aber für Paulus galt das nicht. Er war der beglaubigte Vertreter des Reiches Gottes, der zu Kaiser Nero gesandt war, auf den er sich zur Anhörung seines Falles berufen hatte (siehe Apg 25,10-12), aber gefangen genommen worden war. Gerade deswegen vertraute er darauf, schließlich vor den Kaiser geführt zu werden. Kein Wunder also, dass er die Christen damals bat, seiner in Fürbitte zu gedenken, damit er ***mit Freimut reden*** konnte (V. 20 LB), wenn er die Gelegenheit dazu bekam. Auch die Herrscher dieser Welt müssen das Evangelium horen.

Jesus hatte seinen Nachfolgern vorhergesagt, sie würden eines Tages Königen und Statthaltern die gute Nachricht bringen (siehe Mt 10,18). Diese Aufgabe ist noch nicht beendet, sondern muss bis zur Wiederkunft Christi Weltzeit fortgesetzt werden. Jedes Mal, wenn Diener Christi die Evangeliumsbotschaft verkündigen, sei es

---

[94] Barclay, a. a. O., S. 194f.

hohen oder niedrigen Menschen, brauchen sie *Freimut* und Klarheit ihrer Gedanken. Und sie benötigen auch immer die Gebete der Gemeindeglieder, wenn sie dem Teufel widerstehen und ihm Untertanen entreißen wollen.

Und zu diesen Dienern Christi zählen auch du und ich, denn wir sind „Botschafter an Christi Statt" (2 Ko 5,20 LB) in einer sündigen und verlorenen Welt. Wir alle müssen dabei *die ganze Waffenrüstung Gottes* tragen. Und wir alle brauchen das Gebet anderer Gemeindeglieder, wenn wir als sieghafte Christen durch das Leben kommen wollen und unser Zeugnis und unsere Botschaft wirkungsvoll sein soll.

Die Implikationen der Aussagen des Paulus im Epheserbrief sind: Alle Leiter im Werk Gottes müssen ernsthaft für die Gemeindeglieder und die wiederum für ihre Leiter beten. Und alle Christen müssen für alle Mitchristen beten, weil wir als Einzelne und als Gemeinde *mit den bösen Geistern unter dem Himmel* zu tun haben (Eph 6,12 LB).

Teil IV

Abschiedsworte
(Epheser 6,21-24)

25. Ankündigung der Sendung des Tychikus und letzte Segenswünsche des Paulus

Epheser 6,21-24

21 Damit aber auch ihr meine Umstände wisst, wie es mir geht, wird Tychikus, der geliebte Bruder und treue Diener im Herrn, euch alles berichten. 22 Ebendeshalb habe ich ihn zu euch gesandt, damit ihr unsere Umstände erfahrt und er eure Herzen tröste. 23 Friede den Brüdern und Liebe mit Glauben von Gott, dem Vater, und dem Herrn Jesus Christus! 24 Die Gnade sei mit all denen, die unseren Herrn Jesus Christus lieben in Unvergänglichkeit!

Mit diesen Versen sind wir an das Ende des inhaltsreichen Epheserbriefes gekommen, wie er genannt wird. Der Brief selbst hat, wie wir sahen, zwei unterschiedliche Hälften: In den ersten drei Kapiteln geht es nach der kurzen Einleitung um einige christliche Grundlehren, während Paulus sich in den letzten drei Kapiteln auf praktische Ermahnungen konzentriert. Bei ihm beruht das Praktische immer auf Theologischem.

Die letzten vier Verse des Briefes teilen sich in zwei Abschnitte auf: In den ersten beiden kündigt der Apostel den Empfängern an, dass *Tychikus* ihnen einen ausführlichen Bericht seiner Lage geben wird. Das war sicher wichtig für sie, weil die einzige aktuelle biographische Information im Brief in Vers 20 erscheint, wo der Apostel von sich sagt, er sei *ein Gesandter in Ketten*, d. h. ein Gefangener.

In den Versen 23 und 24 schließt er seinen Brief mit einigen letzten Segenswünschen.

Tychikus wird auch an anderen Stellen im Neuen Testament erwähnt. Er findet sich in einer Aufzählung der Mitarbeiter des Paulus in Apostelgeschichte 20,4. Lukas erwähnt dort, dass er aus der Provinz Asien stammte. Direkt nach ihm wird Trophimus genannt, der aus Ephesus kam (siehe Kap. 21,29). Paulus erwähnt in seinem letzten Brief an Timotheus, er habe Tychikus zurzeit seiner Inhaftierung „nach Ephesus gesandt" (2 Tim 4,12). Paulus sandte ihn also möglicherweise mit diesem Brief und einem mündlichen Bericht über sein Ergehen als römischer Gefangener in dessen heimatliche Region.

Wie bereits in der Einleitung erwähnt, hatte Tychikus wahrscheinlich mehr als nur diesen Brief auf seiner speziellen Mission zu überbringen. Vermutlich schrieb Paulus etwa um dieselbe Zeit auch an die Kolosser einen Brief, denn beide Briefe überschneiden sich im Inhalt und in ihren Formulierungen auffallend. Außerdem lässt der Apostel die Gemeinde in Kolossä über sein aktuelles Ergehen ebenfalls durch Tychikus unterrichten (siehe Kol 4,7.8). Das macht es wahrscheinlich, dass Tychikus beide Briefe auf derselben Reise überbrachte.

Interessant ist auch der Hinweis, dass Paulus Onesimus mit ihm gemeinsam zu der Mission nach Kleinasien schickte (siehe Kol 4,9). Somit kann es durchaus sein, dass in dem Briefpäckchen, das er Tychikus zur Beförderung anvertraute, auch der Brief an Philemon enthalten war.

Wie sehr Paulus Tychikus schätzte, zeigen zwei nähere Beschreibungen in Epheser 6,21: Für ihn ist er

- ***der geliebte Bruder***
- ***und treue Diener im Herrn***.

Vielleicht ist darin ein Gegensatz zu Demas zu sehen, der Paulus ungefähr um dieselbe Zeit verließ, weil er „diese Welt lieb gewonnen" hatte (2 Tim 4,10 LB); das geschah ungefähr zur selben Zeit, wie er Tychikus beauftragte, nach Ephesus zu gehen (siehe V. 12). Jedenfalls ist eines klar: Der Apostel hatte volles Vertrauen zu diesem Mann.

Tychikus sollte den Gemeinden nicht nur den Brief bringen. Er hatte noch eine weitere Aufgabe, als er sie besuchte. Dreimal teilte Paulus mit, worin sie bestand:

1. ***Damit aber auch ihr meine Umstände wisst, wie es mir geht*** (das „auch" kann sich auf die Kolosser beziehen, die denselben Bericht erhalten sollten),
2. ***wird Tychikus ... euch alles berichten.*** (V. 21)
3. ***Ebendeshalb habe ich ihn zu euch gesandt, dass ihr unsere Umstände erfahrt.*** (V. 22)

Die dreimalige Wiederholung zeigt, wie wichtig es Paulus war, den Empfängern seines Briefes mitzuteilen, was sich in seinem Leben ereignete. Sicher wünschen wir uns, er hätte das alles niedergeschrieben, damit auch wir nähere Kenntnisse hätten. Leider schweigt der Brief darüber. Aber vielleicht war eine mündliche Information besser als eine schriftliche, da bestimmte Aussagen für einige Mitarbeiter problematisch sein konnten, wenn die falschen Leute den Brief abfingen. Paulus war jedenfalls überzeugt, dass der Bericht des Tychikus die Gemeindeglieder ***ermutigen*** würde (V. 22 GNB).

In den letzten beiden Versen des Briefes tauchen noch einmal die theologischen Lieblingsbegriffe des Apostels auf:

- *Friede*
- *Liebe*
- *Glaube*
- *Gnade*

Von *Gnade* und ***Friede*** sprach Paulus bereits in der Einleitung seines Briefs, wo er den Christen wünschte: *Gnade euch und Friede von Gott, unserem Vater, und dem Herrn Jesus Christus* (Kap. 1,2). Der *Friede* spielt eine wichtige Rolle im Epheserbrief: In Kapitel 2,14 wird Jesus als *unser Friede* bezeichnet. Er hat die Trennwand zwischen Juden und Nichtjuden niedergerissen und dadurch *Frieden gestiftet* (V. 14.15) und beiden Gruppen *Frieden verkündigt* (V. 17). Und in Kapitel 4,3 fordert Paulus die Gemeinde auf, *die Einheit des Geistes durch das Band des Friedens zu bewahren*.

Natürlich hatten die Empfänger den einigenden „Frieden mit Gott" (Rö 5,1) durch dessen rettende ***Gnade*** erfahren. *Gnade* ist der Schlüsselbegriff in den beiden deutlichsten Aussagen des Paulus über die Erlösung in diesem Brief. Zweimal bestätigt er: *Aus Gnade seid ihr errettet.* (Kap. 2,5.8) Das Wunderbare am Evangelium ist: Erlösung ist eine Gabe, die dem Gläubigen bereits gehört. Sie ist ein Geschenk, das sowohl Frieden mit Gott als auch mit anderen Christen bringt. Aus Gnade ist die Gemeinde der Erlösten im Leib Christi vereint.

Paulus führt auch den ***Glauben*** an. Auch im Epheserbrief betont er, dass wir *durch Glauben* das Gnadengeschenk Gottes empfangen (Kap. 2,8). Die *an Christus Jesus Gläubigen* (Kap. 1,1) sind Menschen, die Jesus im Leben folgen, indem sie *würdig ihrer Berufung wandeln* (Kap. 4,1).

Eng verbunden mit den anderen drei Begriffen ist die ***Liebe***. Die Christen sollen *tadellos vor Gott in Liebe sein* (Kap. 1,4); sie werden dafür gelobt, *Liebe zu allen Heiligen* zu haben (V. 15). Paulus wünscht, dass sie *in Liebe gewurzelt und gegründet sind* (Kap. 3,17), *einander in Liebe ertragen* (Kap. 4,2), *die Wahrheit in Liebe reden* (V. 15) und *in Liebe wandeln* (Kap. 5,2). Die Agape-Liebe soll auch im Zentrum der Ehe stehen (siehe Kap. 5,25.28.33). Vor allem aber gilt es, ***unseren Herrn Jesus Christus zu lieben*** (Kap. 6,24). Das ist eine Wirkung der Gnade, eine Folge, ihn kennen gelernt und erfahren zu haben, und zugleich die Voraussetzung für den weiteren Empfang von Gottes Gnade in der Zukunft.

Die vier erwähnten zentralen Begriffe durchziehen den gesamten Brief des Paulus. Daher überrascht es nicht, dass sie auch in seinen letzten Segenswünschen wiederkehren, die nicht nur denen galten, die damals den Brief lasen oder vorgelesen bekamen. Der Apostel wünschte sich sicher, dass auch im Leben aller heutigen Christen wie in ihrem Miteinander in den Gemeinden die *Gnade* Gottes, der *Glauben* an unseren Herrn Jesus Christus, der innere *Frieden* aufgrund der Rechtfertigung und vor allem die Agape-*Liebe* zu Gott und Jesus, zu anderen Christen und unseren Mitmenschen im Mittelpunkt stehen.

Literaturverzeichnis

Abbott, T. K.: *A Critical and Exegetical Commentary on the Epistles to the Ephesians and to the Colossians*. The International Critical Commentary. T. & T. Clark, Edinburgh 1897.

Ante-Nicene Fathers. 10 Bände. Alexander Roberts u. a. (Hg.), Hendrickson, Peabody (Massachusetts) 1994.

Apostolic Fathers. 2. Aufl., J. B. Lightfoot und J. R. Harmer (Hg.), übers. von Michael W. Holmes, Baker, Grand Rapids (Michigan) 1989.

Arnold, Clinton E.: „Ephesians". In: ders. (Hg.): *Zondervan Illustrated Bible Backgrounds Commentary*. Band III, Zondervan, Grand Rapids (Michigan) 2002, S. 300-341.

_________: *Ephesians, Power and Magic. The Concept of Power in Ephesians in Light of Its Historical Setting*. Cambridge University Press, Cambridge 1989.

_________: *Powers of Darkness. Principalities and Powers in Paul's Letters*. InterVarsity, Downers Grove (Illinois) 1992.

Barclay, William: *Brief an die Galater / Brief an die Epheser*. Auslegung des NT. Aussaat-Verlag, Neukirchen-Vluyn 1970ff.

Barclay, William: *Letters to the Galatians and Ephesians*. The Daily Study Bible. 2. Aufl., The Saint Andrew Press, Edinburgh 1958.

Barth, Markus: *Ephesians. Introduction, Translation, and Commentary on Chapters 1-3*. Anchor Bible. Doubleday, Garden City (Neu York) 1974.

_________: *Ephesians. Translation and Commentary on Chapters 4-6*. Anchor Bible. Doubleday, Garden City (Neu York) 1974.

Barton, Bruce B. et al.: *Ephesians*. Life Application Bible Commentary. Tyndale House, Wheaton (Illinois) 1996.

Best, Ernest: *A Critical and Exegetical Commentary on Ephesians*. The International Critical Commentary. T. & T. Clark, Edinburgh 1998.

Bratcher, Robert G. und Nida, Eugene A.: *A Handbook on Paul's Letter to the Ephesians*. UBS Handbook Series. United Bible Societies, New York 1982.

Bromiley, Geoffrey W. (Hg.): *The International Standard Bible Encyclopaedia*. Rev. Ausg. 4 Bände, Eerdmans, Grand Rapids (Michigan) 1979-1988.

Bruce, F. F.: *The Epistle to the Ephesians. A Verse-by-Verse Exposition*. Fleming H. Revell, Westwood (Neu Jersey) 1961.

________: *The Epistles to the Colossians, to Philemon, and to the Ephesians*. New International Commentary on the New Testament. Eerdmans, Grand Rapids (Michigan) 1984.

Calvin, John: *The Epistles of Paul the Apostle to the Galatians, Ephesians, Philippians and Colossians*. Calvin's Commentaries. Übers. von T. H. L. Parker, Eerdmans, Grand Rapids (Michigan) 1965.

Dale, R. W.: *The Epistle to the Ephesians: Its Doctrine and Ethics*. 7. Aufl., Hodder and Stoughton, London 1893.

Danker, Frederick William (Hg.): *A Greek-English Lexicon of the New Testament and Other Early Christian Literature*. 3. Aufl., University of Chicago Press, Chicago 2000.

Dietzfelbinger, Ernst: *Das Neue Testament. Interlinearübersetzung Griechisch-Deutsch*. 4. korr. Auflage, Hänssler-Verlag, Neuhausen-Stuttgart 1990.

Edwards, Mark J. (Hg.): *Galatians, Ephesians, Philippians*. Ancient Christian Commentary on Scripture. InterVarsity, Downers Grove (Illinois) 1999.

Findlay, G. G.: *The Epistle to the Ephesians*. The Expositor's Bible. A. C. Armstrong and Son, New York 1905.

Foulkes, Francis: *The Letter of Paul to the Ephesians*. Rev. Ausg., Tyndale New Testament Commentaries. Eerdmans, Grand Rapids (Michigan) 1989.

Hawthorne, Gerald F. und Martin, Ralph P. (Hg.): *Dictionary of Paul and His Letters*. InterVarsity, Downers Grove (Illinois) 1993.

Hodge, Charles: *Commentary on the Epistle to the Ephesians*. Eerdmans, Grand Rapids (Michigan) 1994.

Hoehner, Harold W.: *Ephesians. An Exegetical Commentary*. Baker, Grand Rapids (Michigan) 2002.

Horn, Siegfried H. (Hg.): *Seventh-day Adventist Bible Dictionary*. Review and Herald, Washington D.C. 1960.

Johnston, Robert M.: *Peter and Jude. Living in Dangerous Times*. Bible Amplifier. Pacific Press, Boise (Idaho) 1995.

Josephus, Flavius: *Complete Works*. Übers. von William Whiston, Kregal, Grand Rapids (Michigan) 1960.

Knight, George R.: *My Gripe With God. A Study in Divine Justice and the Problem of the Cross*. Review and Herald, Washington D.C. 1990.

Kreitzer, Larry J.: *The Epistle to the Ephesians*. Epworth Commentaries. Epworth Press, Peterborough (England) 1997.

Liefeld, Walter L.: *Ephesians*. The IVP New Testament Commentary. InterVarsity, Downers Grove (Illinois) 1997.

Lincoln, Andrew T.: *Ephesians*. Word Biblical Commentary. Word, Dallas 1990.

Lloyd-Jones, D. Martyn: *Christian Unity. An Exposition of Ephesians 4:1-16*. Baker, Grand Rapids (Michigan) 1998.

________: *Darkness and Light: An Exposition of Ephesians 4:17-5:17*. Baker, Grand Rapids (Michigan) 1998.

_________: *God's Ultimate Purpose. An Exposition of Ephesians 1*. Baker, Grand Rapids (Michigan) 1998.

_________: *God's Way of Reconciliation. An Exposition of Ephesians 2*. Baker, Grand Rapids (Michigan) 1998.

_________: *Life in the Spirit in Marriage, Home, and Work. An Exposition of Ephesians 5:18-6:9*. Baker, Grand Rapids (Michigan) 1998.

_________: *The Unsearchable Riches of Christ. An Exposition of Ephesians 3*. Baker, Grand Rapids (Michigan) 1998.

Mackay, John A.: *God's Order. The Ephesian Letter and This Present Time*. MacMillan, New York 1953.

MacLaren, Alexander: *Ephesians*. Expositions of Holy Scripture. Eerdmans, Grand Rapids (Michigan) 1938.

Martin, Ralph P.: *Ephesians, Colossians, and Philemon*. Interpretation: A Bible Commentary for Teaching and Preaching. John Knox, Louisville (Kentucky) 1991.

Meyer, F. B.: *Power for Living. Studies in Ephesians*. Ambassador, Greenville (Süd Carolina) 1997.

Mishnah. A New Translation. Übers. von Jacob Neusner, Yale University Press New Haven (Connecticut) 1988.

Mitton, C. Leslie: *Ephesians*. New Century Bible Commentary. Eerdmans, Grand Rapids (Michigan) 1973.

Morris, Leon: *Expository Reflections on the Letter to the Ephesians*. Baker, Grand Rapids (Michigan) 1994.

Moule, Handley C. G.: *Ephesian Studies*. 2. Aufl., Hodder and Stoughton, London [1908].

Neufeld, Thomas R. Yoder: *Ephesians*. Believers Church Bible Commentary. Herald Press, Scottdale (Pennsylvania) 2002.

Nichol, Francis D. (Hg.): *The Seventh-day Adventist Bible Commentary*, Band 6. Review and Herald, Washington D.C. 1957, S. 991-1047.

O'Brien, Peter T.: *The Letter to the Ephesians*. Pillar New Testament Commentary. Eerdmans, Grand Rapids (Michigan) 1999.

Patzia, Arthur G.: *Ephesians, Colossians, Philemon*. New International Biblical Commentary. Hendrickson, Peabody (Massachusetts) 1990.

Perkins, Pheme: *Ephesians*. Abingdon New Testament Commentaries. Abingdon, Nashville (Tennessee) 1997.

Petersen, Eugene H.: *The Message. The Bible in Contemporary Language.* Navpress, Colorado Springs (Colorado) 2002.

Ridderbos, Herman. *Paul. An Outline of His Theology*. Übers. von John Richard De Witt, Eerdmans, Grand Rapids (Michigan) 1975.

Robinson, J. Armitage: *St Paul's Epistle to the Ephesians. A Revised Text and Translation with Exposition and Notes*. 2. Aufl., James Clarke, London [1904].

Rogers, Cleon L. Jr., und Cleon L. Rogers III.: *The New Linguistic and Exegetical Key to the Greek New Testament*. Zondervan, Grand Rapids (Michigan) 1998.

Schnackenburg, Rudolf: *Ephesians. A Commentary*. Übers. von Helen Heron, T. & T. Clark, Edinburgh 1991.

Scott, E. F.: *The Epistles of Paul to the Colossians, to Philemon and to the Ephesians*. Moffatt New Testament Commentary. Richard R. Smith, New York 1930.

Snodgrass, Klyne: *Ephesians*. The NIV Application Commentary. Zondervan, Grand Rapids (Michigan) 1996.

Stedman, Ray C.: *Expository Studies in Ephesians 1-3. Riches in Christ*. Word, Waco (Texas) 1976.

Stewart, James S.: *A Man in Christ. The Vital Elements of St. Paul's Religion*. Harper & Row, New York [1963].

Stoeckhardt, George: *Ephesians*. Concordia Classic Commentary Series. Concordia, St. Louis (Missouri) 1987.

Stott, John R. W.: *The Message of Ephesians. God's New Society*. The Bible Speaks Today. InterVarsity, Downers Grove (Illinois) 1979.

Thompson, G. H. P.: *The Letters of Paul to the Ephesians to the Colossians and to Philemon*. The Cambridge Bible Commentary. Cambridge University, Cambridge 1967.

Trench, Richard Chenevix: *Synonyms of the New Testament*. Robert G. Hoerber (Hg.), Baker, Grand Rapids (Michigan) 1989.

Westcott, Brooke Foss: *Saint Paul's Epistle to the Ephesians*. MacMillan, London 1906.

White, Ellen G.: *Bilder vom Reiche Gottes*. 3. Aufl., Advent-Verlag, Lüneburg 2000.

_________: *Das Leben Jesu*. Saatkorn-Verlag, Hamburg [1977].

_________: *Der Eine – Jesus Christus*. Advent-Verlag, Lüneburg 1995f.

_________: *Erziehung*. Advent-Verlag, Lüneburg 1998.

Wood, A. Skevington: „Ephesians“. In: Frank E. Gaebelein (Hg.): *The Expositor's Bible Commentary*. Bd. XI, Zondervan, Grand Rapids (Michigan) 1978, S. 1-92.

Yoder, John Howard: *The Politics of Jesus*. Eerdmans, Grand Rapids (Michigan) 1972.

Das theologische Hauptwerk des Paulus und der Brief, der vielen Christen zu einem befreienden Verständnis des Erlösungswerkes Christi verholfen hat:

Der Römerbrief

Allein aus Gnade? Allein durch Glauben? Allein durch Christus? Sonst nichts? Kann es wirklich so einfach sein, mit Gott ins Reine zu kommen? Doch, wenn man die Botschaft des Apostels Paulus, die er an die Christen in Rom schrieb, richtig versteht. Er besteht darauf, dass Rechtfertigung, Heiligung und Erlösung Gaben Gottes sind, die sich der Mensch nicht durch fromme Leistungen oder eigene Anstrengungen erarbeiten kann. Es sind freilich Gaben, die den Beschenkten tief greifend verändern, wenn er sie im Glauben annimmt und sein Leben Christus anvertraut. Auch dies macht Paulus im Römerbrief deutlich. Und er beschäftigt sich ausführlich mit der Rolle des Volkes Israel im Erlösungsplan Gottes in der Vergangenheit und in der Zukunft.

So wichtig dieser Brief des Paulus ist, so schwierig sind manche Passagen zu verstehen. Das Studienbuch von John Brunt *Der Römerbrief* stellt die Aussagen des Paulus verständlich dar und erklärt sie theologisch fundiert. Fragen in jedem Kapitel regen zum eigenen Studium des Römerbriefes und zur persönlichen Vertiefung seiner Botschaft an. Ein Buch, das sowohl für interessierte Laien als auch für Pastoren und Lehrer hilfreich ist.